Vince Szent-Iványi

Die wahre Richtung der ungarischen National-Politik

Vince Szent-Iványi

Die wahre Richtung der ungarischen National-Politik

ISBN/EAN: 9783743686359

Hergestellt in Europa, USA, Kanada, Australien, Japan

Cover: Foto ©Suzi / pixelio.de

Weitere Bücher finden Sie auf **www.hansebooks.com**

Die wahre Richtung

der

ungarischen National-Politik.

WIEN.

Druck und Verlag von Carl Gerold's Sohn.

1862.

Vorwort.

Vorliegende Flugschrift, von einem offenen Briefe an den dermaligen obersten Landrichter des Königreichs Ungarn eingeleitet, ist bereits vor einigen Wochen in ungarischer Sprache erschienen, um vor Allem Jenen zugänglich zu sein, für die sie in erster Linie bestimmt ist.

Was genaue Kenntniss der heimischen Zustände, was reifes und ernstes Denken, was genaues Beobachten von Menschen und Verhältnissen zu schaffen und zu bieten im Stande ist — wird darin dem vaterländischen Leserkreise zu seiner Belehrung geboten.

Diese deutsche Bearbeitung soll es nun versuchen, denselben Ideen auch ausserhalb der Grenzen Ungarns Gehör und Eingang zu verschaffen.

Manche werden sich durch den Inhalt dieser Blätter getroffen, andere vielleicht gekränkt fühlen; diese mögen erwägen, dass, der Wahrheit in einer Zeit zum Durchbruche zu verhelfen, wo ein schönes und grosses Land, ein edles und hochsinniges Volk durch Begriffsverwirrung, Selbsttäuschung oder Lauheit den grössten Gefahren entgegengeht, gewiss eine Aufgabe ist, bei deren Lösung jede Rücksicht verstummen muss.

Männer, die den Werth eines *wahren* Wortes zu schätzen wissen, werden es nicht tadeln, wenn ein solches zum Ausdruck gelangt, besonders wenn es Gleichgesinnten als Anhaltspunkt zu weiterer Gruppirung dienen kann.

Im Juli des Jahres 1862.

Offener Brief

an Se. Excellenz den Judex Curiae Herrn Grafen Georg Apponyi.

Trügt uns nicht das Gedächtniss, so war es am 16. März des Jahres 1848, dass Euer Excellenz im Einvernehmen mit Ihrem intimsten Freunde, dem nun im Herrn ruhenden siebenbürgischen Hofkanzler Baron Samuel Jósika, von der Regierung der beiden Länder, an deren Spitze das Vertrauen des Monarchen sowohl als einer grossen Anzahl von Patrioten Sie beide berufen, sich zurückgezogen haben.

Der gütige Monarch verlor dadurch in stürmischer Zeit zwei seiner treuesten ungarischen Rathgeber. Er musste Sein Vertrauen Ihren politischen Gegnern zuwenden und ihnen die Regierung des Landes überlassen. Erörtern wir nicht näher den Gang von Ereignissen, die der vaterländischen Geschichte anheimgefallen sind, welche wohl von dem vergänglichen Ruhme Ungarns, aber nicht auch von der Weisheit seiner Söhne Zeugniss geben wird.

Sie und Ihr seliger Freund haben geglaubt, durch ihren Rücktritt von der Regierung Ungarns und Siebenbürgens eine patriotische Pflicht zu erfüllen. Das Gefühl politischer Redlichkeit hat Sie zu dem Glauben verleitet, dass das politische Gewitter, welches der Pariser Sturm heraufbeschwor, in Pressburg gefahrlos vorüberziehen werde, wenn die Regierung andere Grundsätze acceptirt und eine neue Richtung einschlägt; Sie waren der Ansicht, dass Sie sich in der Auffassung der Verhältnisse geirrt haben und Ihr Rücktritt das Glück des Vaterlandes fördern dürfte, dessen Wünsche Sie bisher verkannt. Doch wie sehr haben Sie sich getäuscht! Die zwölfjährigen Leiden Ungarns sind ein Beweis dafür, dass der Tausch weder dem Vertrauen des Monarchen, noch den Erwartungen der erwachten ungarischen Nation entsprochen hat.

Excellenz haben den Bemühungen Ihrer Nachfolger aus der Ferne zugesehen. Von patriotischen Gefühlen beseelt waren Sie Allen ein Vorbild treuen Gehorsams.

Aber die Ereignisse sind stärker als die Menschen gewesen, und Jene, die das Regieren für leicht gehalten, sind bald unter der Last, welche auf ihnen geruht, zusammengebrochen, mit sich in den Abgrund reissend das Vaterland, welches sie beglücken wollten.

Erst dann traten Excellenz wieder aus Ihrer Unthätigkeit hervor, als Jene, die das Vaterland retten sollten, bei Erfüllung ihres missverstandenen Berufes untergegangen sind. Euer Excellenz wollten dem Vaterlande retten, was noch zu retten war, und zugleich dem Könige die Liebe und das Vertrauen des Volkes, ohne welche kein Monarch bestehen kann, wieder gewinnen*).

Doch das Schicksal hat es anders gewollt. Ihr treuer und erleuchteter Rath ward von Jenen zurückgewiesen, die sich zwischen den König und die Nation gedrängt.

Sie haben ihre patriotischen Bestrebungen mit Treue und Ausdauer erneuert, obwohl Sie jedesmal abgewiesen worden sind **).

Wir müssen hier erinnern, dass diess in einem Augenblicke geschehen, wo die Nation bereit war, den Irrthum, den sie begangen,

---

*) Zu Anfang des Jahres 1849 wurde auf unmittelbaren Befehl Sr. Majestät in Wien eine Commission aus ungarischen Staatsmännern mit der Aufgabe niedergesetzt, auf Grund der ererbten ungarischen Verfassung und dem nationalen Geiste entsprechend, Bestimmungen auszuarbeiten, in deren Sinn die Justiz- und politische Verwaltung Ungarns während des damaligen Belagerungszustandes gehandhabt werden sollten. Die Vereinbarungen dieser Commission wären sodann Sr. Majestät zur Genehmigung vorzulegen gewesen. Alle Mitglieder dieser Commission haben es für ihre Pflicht erachtet, dem an sie ergangenen Rufe zu folgen; sie hatten auch ihre Arbeiten schon fast vollendet, als sie durch die am 4. März desselben Jahres erschienene Verfassung überrascht wurden. Die Commission legte gegen diese Verfassung, sowie dieselbe Ungarn beträfe, Verwahrung ein, und erklärte den ihr von Allerh. Seite gewordenen Auftrag für erloschen, da ihre Aufgabe durch die Dazwischenkunft eines ohne ihren Einfluss zu Stande gekommenen Staatsactes gestört, überflüssig gemacht, ja zur Pacificirung Ungarns ungeeignet geworden war. Indessen ward ihr der Bescheid zu Theil, dass durch die Reichsverfassung die Commissionsarbeit unberührt bleiben soll, worauf diese Arbeit auch wirklich vollendet und A. h. Orts vorgelegt worden ist. Mitglieder dieser Commission waren: Graf Georg Apponyi, ehemaliger ungarischer Hofkanzler als Vositzender, Baron Josika, gewesener siebenbürgischer Hofkanzler, Johann Zarka, gewesener Personal, Josef Ürményi, gewesener Tolnaer Obergespan, Vincenz von Szent Iványi, königl. ungar. Statthaltereirath, Graf Johann Barkoczy und Graf Emil Dessewffy. Ueber diese Commissions-Anträge wurden bereits im Schoosse des Ministeriums Verhandlungen gepflogen, als die Nachricht von den Debrecziner Beschlüssen vom 14. April nach Wien kam; was nachher geschehen, wissen wir Alle aus Erfahrung.

**) Verschiedene Patrioten haben zweimal Sr. Majestät Bittschriften, die Lage des Landes schildernd, vorgelegt.

einzusehen und zu bekennen, um je eher in den Genuss ihrer unveräusserlichen Rechte zu gelangen. Leider, Excellenz, war jede Ihrer Bemühungen vergebens und bald waren Niedergeschlagenheit und Erbitterung im Lande wahrzunehmen, die niemals Gutes bedeuten.

Euer Excellenz haben jedoch noch immer die Hoffnung nicht aufgegeben; Sie haben aller verdammenden Kritiken des ungarischen Publicums ungeachtet ihren Sitz im verstärkten Reichsrathe eingenommen, um auf diese Weise, wenn möglich, ihre patriotischen Zwecke zu verfolgen.

Gott verweigert der männlichen Ausdauer und der ehrlichen Thätigkeit selten seinen Segen, und als es Ihnen und noch einigen sich aufopfernden Patrioten, denen sich Gleichgesinnte, wenn auch stammesverschiedene Freunde angeschlossen haben, gelungen ist, dem Monarchen die Wahrheit erkennen zu lassen — denn nur diess war nöthig, — hat auch Ungarn einen Theil seiner früheren verfassungsmässigen Freiheiten wiedererlangt, während es der vorsichtigen und klugen Thätigkeit der Patrioten anheimgestellt ward, weitere und befriedigende Erfolge zu erzielen.

Die Bescheidenheit Euer Excellenz kennend, wollen wir es unterlassen, darüber zu sprechen, wem die ungarische Nation einen grossen Theil der October-Errungenschaften zu danken hat. Sie werden jedoch zugeben, dass auch Ihnen ein winziges Theilchen am Verdienste des 20. October gebührt. Kein Mensch im weiten Ungarlande wird dem widersprechen.

Allerdings ist seither das Alles wieder in Frage gezogen worden, und unsere schönsten Hoffnungen sind nur zu bald geschwunden!

In dieser Lage, die auf alle Patrioten betrübend wirken muss, gibt es selbst unter den Besseren Viele, die nur von der Zeit eine günstige Wendung im Geschicke des Vaterlandes erwarten, und diese sagen allen Ernstes: „Ungarn könne zuwarten."

Sie können Recht haben, da in der Zukunft der Zufall sich der Nation günstig zeigen kann; jedoch wir vermögen diese Ansicht nicht zu theilen. Wir wissen, dass man der Zukunft nicht vorgreifen kann; doch ist es eine patriotische Pflicht, sich um selbe zu bemühen, besonders wenn Volk und Vaterland davon ihr Glück erwarten.

Desshalb haben wir es für patriotische Pflicht gehalten, unsere anspruchslosen Ansichten dem vaterländischen Publicum mitzutheilen. Diese Ansichten sind nicht das Ergebniss momentaner Eindrücke, sie sind die Frucht einer Zeit, in welcher wir zur Ueberzeugung gelangt sind, dass die nach unseren Grundgesetzen untheilbare und untrennbare österreichische Monarchie nur mehr constitutionell regiert werden könne.

Die Principien, auf denen unsere Ansicht beruht, sind in den Bestimmungen der pragmatischen Sanction enthalten; denn ein Monarch, der über mehrere Länder vereint (invicem et insimul) regiert, kann nicht jedes dieser Länder mit einem eigenen und verantwortlichen Ministerium regieren. Diess zu verhindern, war nicht nur der Zweck, sondern auch die Bestimmung der pragmatischen Sanction, die jedoch nicht ausschliesst, dass die Regierungsformen in den verschiedenen Theilen des Reiches von einander formell verschieden seien. Ungarns Constitution kann, wenn die übrigen Länder des Reiches absolut regiert werden, wie immer beschaffen sein, sobald jedoch in den nichtungarischen Ländern constitutionelle Regierungsformen eingeführt werden, müssen auch die „Formen“ der ungarischen Verfassung derart modificirt sein, dass die Möglichkeit einer gemeinsamen Regierung im Sinne der angenommenen pragmatischen Sanction nicht aufgehoben werde. Oder man müsste die pragmatische Sanction selbst modificiren, was aber durchaus unmöglich ist.

Das Wesen der pragmatischen Sanction besteht für Ungarn darin, dass die Selbstständigkeit und Unabhängigkeit des Landes aufrecht erhalten werden, ohne die gemeinsame Regierung der Monarchie zu beirren. Es muss daher eine Form gefunden werden, die nach beiden Seiten hin befriedigt. In der Zeit vor dem 20. October haben wir indessen oben keine Disposition gesehen, welche dem Rechte oder der Billigkeit entsprochen hätte; nach dem 20. October fehlte es unten an Terrain, um mit Ideen durchzudringen, welche mit den Gesetzen des Jahres 1848 und der sogenannten öffentlichen Meinung nicht im Einklang standen.

Wir sind zu sehr gewohnt ernst zu denken, und andererseits zu bescheiden, um zu glauben, es werden unsere Erörterungen sich eines ungetheilten Beifalls erfreuen — Erörterungen, welche sich zwar nicht auf Einzelnheiten einlassen, wohl aber bisherige Irrthümer beleuchten und die wahre Richtung der ungarischen National-Politik andeuten. Der leitende Gedanke hiebei ist kein anderer, als der ungarischen Nation aus der drückenden Lage, in der sie sich befindet, herauszuhelfen, und dem Vaterlande nach Möglichkeit zu dienen. Wir wollen zugleich die allgemeine Aufmerksamkeit wachrufen, damit die im Lande wahrnehmbare Stimmung gehörig gewürdigt werde. Man möge was immer glauben, so viel ist ausser Zweifel, dass die grosse Majorität des Landes sich nach der ererbten Verfassung sehnt, mit dem Könige sich auszusöhnen den Wunsch hat und Alles mit misstrauischem Blicke betrachtet, was diesen Bestrebungen entgegen ist.

Die Intelligenz ist jedenfalls ein grosser Factor bei politischen Feldzügen; jedoch nur dann und dort, wenn und wo sie sich auf die Sympatien der Massen stützen kann.

Ist diess in Ungarn der Fall?

Kann man sich auf die Millionen des Volkes berufen, um zu beweisen, dass die öffentliche Meinung, wie sie im vorigen Jahre in den verschiedenen Comitats-Commissionen und auf dem Landtage zu Tage getreten, auch die Meinung des Volkes sei? Auf diese Frage hat der Minister-Präsident in der Zeit der „goldenen Freiheit", wo in Pest über die Errichtung eines eigenen ungarischen Heeres von 200.000 Mann Berathungen gepflogen worden sind, eine sehr deutliche Antwort gegeben. Graf Ludwig Batthyány hat, als er bei diesem Anlasse Kossuth widersprach, seine Rede mit folgenden denkwürdigen Worten geschlossen: „Das Volk erklärt sich für Se. Majestät"; es geschah diess in einem Augenblicke, wo die „Herren" das Volk befreiten, in Italien ein blutiger Krieg geführt ward, in Wien die Aula die Hauptrolle spielte, in Prag die Slaven aller Welttheile sich Rendezvous gaben, und in Ungarn das erste verantwortliche und unabhängige Ministerium, oder besser gesagt, Ludwig Kossuth im Namen des in Ofen residirenden König-Palatins das Land mit bis dahin nie gekannter unumschränkter Macht nicht nur regiert, sondern auch nach Gutdünken agitirt hat. Diess geschah am 16. August des Jahres 1848.

Wir glauben, dass der Chef des ungarischen Cabinetes von der Stimmung, die im Lande geherrscht, gut unterrichtet war, als er obige Worte gesprochen, deren Wahrheit Kossuth, der nur im Trüben zu fischen wünschte, immer zu läugnen bestrebt war. Genug, das Volk hat anders gefühlt, als man diess nach der öffentlichen Meinung, deren Ausdruck die lärmenden Auftritte in Pest und Pressburg sein sollten, hätte glauben können. Wir können frei hinzufügen, dass die Gesinnung des Volkes seither sich in Nichts geändert hat.

Es ist nothwendig zu untersuchen, wodurch die Mehrheit der ungarischen Nation davon abgehalten wird, ihre Politik zu verwirklichen. Man wird uns darauf antworten, dass „die öffentliche Stimmung" eine solche Aeusserung nicht gestattet. Wenn dem so ist, ist freilich jede Bemühung vergebens; doch müssen wir eben desshalb die wirkliche Stimmung des Landes zu erkennen suchen.

„Es ist schwer an dem zu zweifeln, was man mit eigenen Augen sieht und eigenen Ohren hört; Fahnen mit der Inschrift 1848 waren überall zu sehen; von allen Seiten ertönten nur Rufe der Zustimmung für die Herstellung der Verfassung vom Jahre 1848", wird man uns antworten.

Wir sahen allerdings überall diese Fahne; ob jedoch Alle zum Zeichen der Huldigung und Beistimmung den Hut vor ihr abnahmen, diess ist eine andere Frage, auf welche wir eine Antwort zu erhalten wünschen. Diese Antwort muss offen und aufrichtig sein. Desshalb nehmen wir uns die Freiheit, dieses offene Schreiben ehrerbietigst an Euer Excellenz zu richten und in der Beilage unsere bescheidenen Ansichten über diesen Gegenstand dem vaterländischen Publikum mitzutheilen.

Erlauben nunmehr Excellenz, an Sie eine Bitte zu richten, die gewiss von einem grossen Theile des ungarischen Publicums gebilligt wird.

Der dermalige Ausnahmszustand wird in Ungarn allenthalben als ein nothwendiges Uebel betrachtet, von dem sowohl Se. Majestät als jeder vernünftige Mann des Landes je eher befreit zu sein bestrebt ist; natürlich wünscht jeder dieses Ziel auf seine Art zu erreichen; da diess Niemand verkennt, wendet man sich allenthalben mit hoffendem Vertrauen an Euer Excellenz, da man weiss, dass Sie die Stelle des obersten Landrichters gewiss schon aufgegeben hätten, würden Sie alle Hoffnung verloren haben.

Sehr viele Patrioten fragen sich ungeduldig: was will, was hofft, was erwartet Apponyi? Auch wir möchten diess wissen.

Viele sind wohl durch das vermeintliche Einvernehmen, welches ein Coalitions - Ministerium Apponyi, Nyáry, Mailáth und Tisza in Aussicht stellte, irre geworden, doch selbst in dieser aussergewöhnlichen Zeit haben wir eine solche Coalition für unmöglich gehalten.

Manche, die die Vergangenheit Euer Excellenz kennen, möchten Sie zum Führer gewinnen, da Sie ein treuer Diener des Königs und des Vaterlandes sind; Sie haben Ihre Ueberzeugung nie geändert, wenn Sie auch mit Personen, deren Gesinnungen Sie nicht in jeder Beziehung theilen, scheinbar im guten Einvernehmen stehen. Treten Sie vor, Excellenz! Ergreifen Sie die wahre altehrwürdige ungarische Fahne, welche selbst die Anhänger des Jahres 1848 nicht anzutasten wagen. Leider ist diese alte Fahne durch verschiedenes und fremdartiges Flitterwerk so entstellt, dass auch die treuesten Ungarn sie nicht wieder erkennen und sie „die achtundvierziger" getauft haben.

Ergreifen Sie, Excellenz, diese alte ererbte Nationalfahne! die Fahne, welche durch Jahrhunderte in Ungarn entfaltet ward und ihren schönsten Sieg im Jahre 1790 errang; ist sie auch weniger lockend als die des Jahres 1848, wir werden ihr dennoch folgen zum Schutze der ererbten Rechte des legitimen Königs und des Vaterlandes. Und wenn wir erkennen, dass die alte Fahne durch die Zeitverhältnisse gelitten hat, so wollen wir die Schäden ausbessern, damit sie wie ehedem, so in der Zukunft den Stürmen der Zeit Trotz zu bieten im Stande sei. Diess ist eine patriotische Bitte, die Excellenz gewiss erhören werden; Sie müssen sie erhören, da es als Oberster Landrichter Ihre Aufgabe ist, allseits Gerechtigkeit zu üben.

Erlauben uns endlich Excellenz, Sie an den allverehrten Patrioten Grafen Stefan Széchenyi, und zugleich an ein Ereigniss zu erinnern, dessen Zeuge, wie bekannt, auch Sie waren. Es gibt diess Zeugniss davon, mit welchen Gedanken kurz vor seinem Tode Graf Széchenyi umging. Die Patrioten, die sich so oft auf den verstorbenen Grafen berufen, mögen daraus erfahren, dass sie zumeist gegen seine Intentionen gesprochen, geschrieben und gehandelt haben.

Am 4. November 1859 waren mehrere Besuche bei Graf Stefan Széchenyi in Döbling. Bei diesem Anlasse entwickelte er seinen Lieblingsgedanken wieder, dass eine Conferenz von unabhängigen Patrioten einzuberufen wäre, die darüber zu berathen hätte, was vor Allem in Ungarn zu thun sei. Diese Conferenz hätte einen neuen Krönungs-Eid auszuarbeiten, da die alte Form desselben nach der Ansicht des Grafen nicht mehr passend ist und der jetzige Eid die neuen Grundrechte des Königs und der Nation feststellen und enthalten müsse. Dieser neue Eid würde sodann Sr. Majestät vorgelegt werden, und da die Vereinbarung auf diese Weise getroffen wäre, könnte alsbald zur Abhaltung eines Landtages geschritten werden. Der Graf hat bei dieser Gelegenheit geäussert, dass Manche und besonders „Einer", der mit der Zeit durchaus nicht rechnen will, gegen seine Ansichten sein werden. Er werde mit ihnen viel zu schaffen haben, und zu ihrer Bekämpfung dickere Bände schreiben müssen, als die Flugschrift: „Ein Blick". Doch kümmere diess ihn wenig und er habe die Namen der zu berufenden Mitglieder schon aufgezeichnet. Euer Excellenz stehen auf dieser Liste obenan. Scherzweise fügte Graf Széchényi noch bei: „Es wird ein schönes Schauspiel geben, die gescheidtesten Männer Ungarns sich in einem Narrenhause zum Rathe versammelt zu sehen". Bei dieser Gelegenheit ward in Döbling auch der Feier des Primatial-Jubiläums Erwähnung gethan. Einer der Anwesenden bemerkte, man habe in Pest aus gewissen Gründen beschlossen, nicht nach Gran zu gehen. Széchenyi fuhr hiebei zornig auf und frug beständig, „wer denn Jene seien, die in Pest beschliessen?" Seiner Ansicht nach sollte jede Gelegenheit, wo sie sich auch bietet, ergriffen werden, um zu einer Verständigung zu gelangen, da keine Zeit zum Zuwarten ist, sondern gehandelt werden müsse.

Man handle daher im Sinne des grössten ungarischen Patrioten, denn es ist wahrhaftig keine Zeit zu verlieren, soll das ungarische Vaterland gerettet und auf nationaler Grundlage auch fernerhin aufrecht erhalten werden.

Die wahre Richtung der ungarischen National-Politik.

I. Einleitung.

Es kann nicht die Aufgabe der Tagespresse sein, in einer Flugschrift, die nur wenige Bogen umfasst, oder in den engen Spalten eines Journals eine grosse politische Idee ihrem ganzen Umfange nach zu entwickeln; gelingt es, die Aufmerksamkeit auch nur eines Theiles des intelligenten Publicums auf Gegenstände und in eine Richtung zu lenken, die der Verfasser eines Aufsatzes von seinem Standpunkte und nach seiner Ansicht für richtig hält — hat auch der Journalist seine Aufgabe treu gelöst.

Können wir Ungarns jetzige Lage in einer Weise schildern, dass dadurch ernsten Ansichten in weitere Kreise Eingang geschafft wird, glauben auch wir mit diesen Zeilen der Aufgabe, die wir uns gestellt haben, getreu nachgekommen zu sein.

Die unabhängige Stellung, der wir uns erfreuen, gewährt uns einen grossen Vortheil bei der Erfüllung unserer reinen und patriotischen Absichten. Wir streben, Gott sei Dank, weder nach Gunst von oben, noch nach Beifall von unten. — Verfasser dieser Zeilen gehört einer Monarchie an, die aus verschiedenen Völkern besteht, deren jedes seine eigene Geschichte und Abstammung hat; — er ist indessen vor Allem Ungar und daher ein Anhänger der geschichtlichen Grundlage, die die Vergangenheit seiner Nation bildet. — Die aufrichtige Würdigung dieser Grundlage kann allein Ungarn eine glückliche Zukunft sichern. Die Sache verdient es, der Zweck fordert es, dass jeder wahre Patriot darüber nachdenke, in welcher Weise die Hindernisse, die einer gedeihlichen Entwickelung der öffentlichen Zustände in Ungarn im Wege sind, beseitigt werden können, wenn sie nicht zu umgehen sind.

Wir wollen gegen Personen und Sachen mit der möglichsten Schonung vorgehen, dabei jedoch nicht unterlassen Wahrheit und Lüge einander gegenüber zu halten. Lüge kann und darf nicht die Grundlage von Ungarns Freiheit, Unabhängigkeit und Nationalität bilden, da diess nur eine Täuschung für kurze Zeit wäre. Wir wollen Irrthümer, doch stets ohne Leidenschaft, angreifen; wir wollen unsere Ansichten über jene Politik aussprechen, die wir vom ungarischen Standpunkte, mit besonderer Berücksichtigung von Ungarns Lage in Europa, für richtig und erfolgreich halten.

1

Der Verfasser dieser Schrift lebt in der Ueberzeugung, dass die anonyme Discussion eines Gegenstandes grosse Vortheile bietet, desshalb zieht er es vor sich nicht zu nennen. Es soll einer ernsten und ruhigen politischen Discussion, an der es bisher so sehr gemangelt, Bahn gebrochen werden; ist aber der Name des Verfassers bekannt, wendet sich die ganze Aufmerksamkeit des Publicums der Person zu, während dasselbe sonst sich blos mit dem Gegenstande beschäftigen würde; — an Namen knüpfen sich stets Antipathien und Sympathien, und wir wollen nicht, dass die Person der Sache Eintrag thue.

II. Die Tagespresse und Ungarns gegenwärtige Lage.

Während des dermaligen Ausnahmszustandes wurden von den Journalen unter anderen politischen Ansichten auch solche in die Oeffentlichkeit gebracht, welche die Billigung der Regierung nicht immer erfahren konnten. Dass diese Artikel ohne Anstand erscheinen durften, ist ein Beweis dafür, dass auch in der dermaligen Lage eine schonungsvolle Discussion nicht verpönt ist. — Es ist ausser allem Zweifel, dass in Ungarn Wünsche und Hoffnungen vorhanden sind, deren Veröffentlichung nicht nur nicht gestattet werden kann, sondern durch die Kriegsgerichte auf das entschiedenste hintangehalten werden muss. Wenn auch solche Wünsche Einzelnen nicht fremd sind, die Grundlage zu Ungarns Neugestaltung könnten sie nie und nimmer bilden. So können wir, nebenbei gesagt, nun einmal nicht recht einsehen, wesshalb der „Pesti Napló" es für dermalen so sorgfältig vermeidet, sich in jede politische Discussion einzulassen; fürchtet etwa der Redacteur desselben vor ein Kriegsgericht geladen zu werden, wenn er den Beweis dessen liefert, dass die Centralisation, wie sie die Verfassung des Jahres 1848 in Ungarn geschaffen, mit einer autonomen Comitats-Verwaltung sich vereinen lässt? Wer diess ungestraft behauptet, kann sicher sein, dass ihn auch keine Strafe trifft, wenn er den Beweis für seine Behauptung beibringt. — Es scheint uns beinahe, als wollte der „Pesti Napló" die dermalige Ausnahmslage Ungarns als Entschuldigung für sein Schweigen anführen; — er wird doch nicht behaupten wollen, dass während mehr denn einem Jahre — vom 20. October 1860 bis 5. Nov. 1861 — ihm die Gelegenheit gefehlt habe der Welt zu beweisen, die ministerielle Centralisation des Jahres 1848 sei mit der alten Municipal-Verfassung vereinbar, oder was die vielen edlen Correspondenten desselben Blattes und die Häupter der Partei, die es vertritt, sonst noch anführen, selbstverständlich ohne es jemals zu beweisen.

Der „Pesti Napló“ scheint sich aus seinem Schweigen ein Verdienst machen zu wollen; jedenfalls müssen wir diess einen sehr bequemen Patriotismus nennen. — Dieses Blatt hat in seiner Nummer vom 18. März l. J. einen von dem verantwortlichen Redacteur Baron Sigismund Keméný gezeichneten Artikel gebracht, dessen Zweck kein anderer ist, als die ungarischen Centralisten über das Stillschweigen des „Pesti Napló“ zu beruhigen — ein Schweigen, das die Grundlage aller Weisheit sein soll. Wir finden in diesem Artikel die grosse Thätigkeit geschildert, welche dieses Journal in dem verflossenen Jahre entwickelt, und den Einfluss, welchen es damals auf die öffentliche Meinung ausgeübt hat. — Können wir auch die Richtigkeit dieser Behauptung nicht bestreiten, müssen wir doch den gelehrten Redacteur daran erinnern, dass er in seinem Aufsatze vergessen hat der Früchte zu erwähnen, die seine wackere Agitation dem Lande getragen.

Doch wir wollen sehen, welche Ideen wir in diesem Leitartikel noch entwickelt finden. Wesshalb fährt der „Pesti Napló“ jetzt in der Bahn nicht fort, die er damals betreten? „Weil diess heute unmöglich!“ hören wir als Antwort uns zurufen. Soll dieses „unmöglich“ etwa gar darauf hindeuten, dass die Feder des Verfassers durch ein strenges Regiment jetzt niedergehalten wird? Dass diese Taktik seine Wirkung auf einfältige Menschen nicht verfehlt, daran haben wir nie gezweifelt; doch können wir ebensowenig in Zweifel ziehen, dass der geistreiche Redacteur auch im Stande ist das zu leisten und zu schreiben, was von ihm verlangt und erwartet wird. — Trotzdem finden sich in dem Aufsatze, der uns beschäftigt, Ideen, die wir nicht unterlassen wollen der vollen Aufmerksamkeit der ungarischen Patrioten zu empfehlen. So finden wir darin folgende Stelle: „Jene, die die Ansicht des letzten Landtages nicht theilen, erfüllen entweder nur eine Parteipflicht oder suchen ihr Gewissen zu beruhigen, wenn sie Vorschläge machen, Pläne entwerfen und gegenüber einer öffentlichen Meinung, die ihnen als gefälscht erscheint, sich auf eine öffentliche Meinung berufen, welche ihrer Anschauung nach die wahre ist. Dergleichen ist auch in andern Ländern Brauch.

Wir sind von der Bedeutung und der Tragweite dieser Worte so durchdrungen, dass wir darin eine Anregung gefunden haben, auch unsere Ansichten in der Form zusammenhängender politischer Gedanken dem grossen Publicum mitzutheilen. — Wir wollen den Rath des „Pesti Napló“ befolgen und, ohne die öffentliche Meinung in Ungarn geradezu für gefälscht zu erklären, doch den Beweis führen, dass sowohl der „Napló“ und die ungarische Presse, als auch der letzte Landtag die wirkliche öffentliche Meinung verkannt haben. Als bester Beweis hiefür dient uns der ungarische Landtag des Jahres 1848.

Wie gross damals die Einmüthigkeit aller Abgeordneten war — freilich erst nach dem Eintreffen der Kunde von einer Staatsumwälzung in Paris — davon können alle, die zu jener Zeit in Pressburg anwesend waren, Zeugniss geben, und die nicht dort anwesend waren, können sich darüber aus einer Flugschrift, die Baron Kemény im J. 1850 veröffentlicht hat, belehren. Diese Flugschrift ist der treue Dolmetsch der Gesinnungen während der Märztage des Jahres 1848, und der ehrenwerthe Charakter des Verfassers verbietet uns seine Worte in Zweifel zu ziehen. — Der „Pesti Hirnök“ hat seiner Zeit dieser Flugschrift Vieles entnommen, und wir können nur wünschen, dass sie so viel als möglich in Ungarn gelesen werde. Es ist Thatsache, dass nach der Februar-Revolution in Paris jede Partei auf dem damals zu Pressburg versammelten Landtage verstummt war; Kossuth allein beherrschte die Situation, er hatte sich eine öffentliche Meinung geschaffen, die nur seinen Zwecken dienstbar war, und Niemand hat es gewagt sich dagegen aufzulehnen.

Nach Allem, was Baron Kemény in seiner Schrift erzählt und wir von den damaligen Zuständen wissen, waren die Gesetze, die der ungarische Landtag des Jahres 1848 gebracht, bei weitem nicht in dem Masse der Ausdruck der öffentlichen Meinung, wie man sich bemüht hat es der Welt glauben zu machen.

Nun, warum soll sich im Jahre 1861 nicht etwas wiederholen, was schon einmal vor dreizehn Jahren da gewesen? Die Beschlüsse, wie sie der letzte Pester Landtag formulirt hat, sind eben so wenig der Ausdruck der öffentlichen Meinung Ungarns, wie diess im Jahre 1848 der Fall gewesen. Bei einem solchen Präcedenzfalle erscheint es uns dringend geboten Alles aufzubieten, um der wirklichen öffentlichen Meinung zum Durchbruche zu verhelfen.

Wir geben zu, dass die Flugschrift des Baron Kemény, in der die Ereignisse des Jahres 1848 am treuesten geschildert sind, der Partei des „Pesti Napló“ grosse Verlegenheiten bereitet hat und vielleicht auch heute noch bereitet; doch was geschehen, lässt sich nicht mehr ändern. Baron Kemény kann das, was er geschrieben, aus Parteizwecken nicht zurücknehmen; was er einmal gesagt, daran muss er festhalten, will er die Ereignisse des Jahres 1848 und sich selbst nicht Lügen strafen; dessen aber ist Baron Kemény durchaus unfähig.

Parlamentarische Centralisation im Sinne der Gesetze des Jahres 1848? oder alte ungarische Selbstverwaltung? diess bleiben immer die Fragen, die vor Allem beantwortet werden müssen. Es ist unumgänglich nothwendig über diese Fragen im Reinen zu sein, damit der — wir wollen hoffen — noch im Laufe dieses Jahres einzuberufende ungarische Landtag nicht wieder in Folge von Begriffsverwirrungen entweder Ergebnisse liefert, die unerwünscht und bei der Nation unbeliebt sind, oder neuerdings aufgelöst wird, ohne ein praktisches Resultat erzielt zu haben.

Wir rechnen darauf, dass die Tagespresse den Handschuh, den wir ihr hinwerfen, aufheben, und an der Polemik, die wir mit dieser Schrift eröffnen, sich mit derselben Aufrichtigkeit betheiligen wird, mit welcher wir sie hervorzurufen für patriotische Pflicht gehalten haben. Gelingt uns dieses nicht, hoffen wir doch zu erzielen, dass Gleichgesinnte einander erkennen, zusammenhalten und von Andern entschieden sich trennen werden.

Es soll uns gar nicht Wunder nehmen, wenn es so Manchem schmerzlich fallen wird, die Einmüthigkeit der Gesinnung, wie sie bisher in Ungarn geherrscht, nun etwa gar gestört zu sehen; doch welche Folgen hat diese Einmüthigkeit bisher gehabt? welche Resultate hat sie geliefert?

III. Die Passivität eine ungeeignete Politik.

Wie die Angelegenheiten Ungarns heute stehen, so können sie ferner nicht bleiben; wahrlich, die Rettung des Landes liegt uns mehr am Herzen als diese jeden praktischen Erfolges baare Einmüthigkeit der Gesinnungen. — Passivität ist für dermalen keine erfolgreiche Politik; die Zeit schreitet vorwärts; denkende Patrioten sind besorgt über des Landes Zukunft, und diese Sorgen sind begründet, denn Ungarns alten Feinden haben neue sich beigesellt. Nicht allein die alte ungarische Verfassung, weit mehr die Nationalität schwebt heute in Gefahr. Der Geist der Zeit erhöht diese Gefahr; eine neue Ordnung der Dinge soll in Ungarn eingeführt werden, wodurch nicht allein die 800jährige Verfassung in ihren Grundfesten erschüttert, sondern der Ungar in seinem eigenen Vaterlande zum Fremdling würde. — Nur Jene werden diese Gefahr geringschätzen oder gänzlich läugnen, die die Symptome nicht beachten wollen, welche im Innern des Landes und ausserhalb desselben immer mehr an den Tag treten; nur Jene, die den Geist der Zeit verkennen, sich überschätzen und die Situation — im besten Glauben — ihren Wünschen entsprechend halten.

Doch heute ist dem nicht so — die Lage des Landes will ernst beurtheilt sein; die Ungarn müssen sich mit den gegebenen Verhältnissen ehrlich abfinden, mit Verhältnissen, deren aller Welt bekannte Tragweite nur aus Selbsttäuschung verkannt werden kann. — Wollen die Ungarn nicht aus Feigheit untergehen, dürfen sie weder schweigen noch geduldig zuwarten in einem Augenblick, wo Ungarns Gegner mit den Zeitverhältnissen im Bunde die grösste Thätigkeit entfalten. Passiver Widerstand kann den Gang der Dinge nur dann hemmen oder aufhalten, wenn seine Wirkung nach allen Richtungen hin dieselbe ist. So war während der letzten zehn Jahre Passivität die einzig richtige Politik, welche die Ungarn befolgen konnten; die siegreiche Macht liess während dieser Zeit den Schuldigen wie den Unschuldigen ihre schwere Hand fühlen; was dem Einen Lohn, ward dem Anderen Strafe; die alte Verfassung wurde vernichtet und alles Streben zielte auf eine schonungslose Vernichtung aller Nationalitäten.

Doch seit dem 20. October 1860 haben die Dinge einen mächtigen Umschwung erfahren; für den ganzen österreichischen Kaiserstaat wurde eine Verfassung kundgemacht, welche die Gleichberechtigung aller Nationalitäten anerkennt. Das Princip der Gleichberechtigung hat dadurch einen bedeutenden Sieg auch in Ungarn errungen, wenngleich die alte Verfassung dabei nicht ungeschmälert weggekommen ist.

Wenn die Ungarn der Entwickelung der Dinge in ihrem Vaterlande mit Gleichgiltigkeit zusehen; wenn sie sich in dem Wahne wiegen zuwarten zu können; wenn sie sich fatalistisch dem Glauben hingeben, der „Gott der Ungarn" werde ihnen seine Hilfe nicht versagen: können wir eine solche Politik eher Indolenz als Weisheit nennen, — und wird ihnen wirklich Hilfe zu Theil, so können sie sich mit dem Bewusstsein trösten, dieselbe nicht verdient zu haben. — Durch das Angaffen einer im Gange befindlichen Maschine — und wenn die Zahl der Gaffer auch Millionen beträgt — werden die Triebräder nicht zum Stillstehen gebracht. Dasselbe geschieht in der Politik, sobald der geistige Kampf begonnen hat und mit Gewandtheit geführt wird. — Und ein solcher Kampf wird in diesem Augenblick gegen Ungarn geführt, von Ost und West, von Nord und Süd.

Wir wollen zugeben, dass der Zweck dieser verschiedenen Bestrebungen auch verschieden ist; doch sollten die Ungarn nie daran zweifeln, dass der Zweck dieser mitunter sehr verschiedenartigen Tendenzen ihnen nie und nimmer günstig ist. Ist es rathsam solchen Tendenzen gegenüber die Augen zu verschliessen? Genügt es mit Hoffnungen zu prahlen, an deren Erfüllung Niemand glaubt? Die Menschen haben heutzutage einen weit praktischeren Sinn als ehedem, und ein Volk besteht doch nur aus einzelnen Menschen.

Die ungarischen Patrioten mögen überzeugt sein, dass die in den letzten Momenten des jüngsten ungarischen Landtages zu Gunsten der verschiedenen Nationalitäten des Landes gebrachten Beschlüsse schon längst vergessen sind. Wir sind der Ansicht, dass durch ein so überstürztes Verfahren gerade das Gegentheil von dem, was angestrebt worden, erzielt wird. Es könnte auch geschehen, dass diese überstürzten Beschlüsse gerade Jenen zu Gute kommen, die wir durch dieselben einschüchtern wollten. — Wir wollen hier ein Beispiel anführen. Der Landtag des Jahres 1848 hat die Robot- und Zehent-Pflichtigkeit aufgehoben. Der Antrag hiezu wurde in den Sälen des ungarischen Landtages gestellt, wo damals nur privilegirte Classen Sitz und Stimme hatten; und dennoch erinnern wir uns nicht gehört zu haben, dass die früheren Unterthanen diese Wohlthat dem Grundherrn zuschreiben; mit geringen Ausnahmen sprechen sie Alle vom „Kaiser," als dem Urheber ihrer Befreiung, und darin liegt gewiss eine grosse Lehre.

Doch kehren wir zu dem letzten ungarischen Landtage zurück und betrachten wir die Beschlüsse näher, die am letzten Tage seiner Session gebracht wurden; wir müssen dann fragen: Haben diese Landtagsbeschlüsse die Serben, die Rumänen und die Slaven mit den Ungarn ausgesöhnt? Doch ja, die Ruthenen setzen ihr Vertrauen in den ungarischen Landtag und sind mit ihren Forderungen bisher nicht hervorgetreten.

Diess ist allerdings sehr schön, nur wünschen wir, dass sie eine selbstständige Wojwodina sich nicht zum Beispiele nehmen, wenn sie jemals mit ihren Forderungen an den Tag treten. Die Sachen mögen wie immer stehen, so viel ist gewiss, dass Völker und Nationalitäten auf blosse Versprechungen nie grosses Gewicht legen, besonders dann, wenn sie wissen, dass sie auf anderen Wegen leicht mehr, als ihnen von ungarischer Seite versprochen ward, erlangen können.

Sind die Ungarn der Ueberzeugung, dass es das Interesse des Landes vor Allem erfordert, die verschiedenen Nationalitäten zu befriedigen und zu beruhigen, so ist es eine logische Folge, alle Bestrebungen dahin zu richten, dass die Befriedigung und Beruhigung durch niemand Anderen schneller und besser als durch den Ungar selbst geschehe, damit diese Nationalitäten und Völker für die Wohlthaten, die sie erfahren, nur den Ungarn zum Danke verpflichtet seien.

Es ist diess ein Grund mehr dahin zu streben, dass dem Lande Gelegenheit geboten werde, bei der Regelung seiner inneren Angelegenheiten ein Wort mitzusprechen; es wäre diess eine dankbarere Rolle, als ruhig zuzuwarten, bis Andere unwiderruflich über Ungarns Loos entscheiden.

Mögen die Ungarn die Tragweite dieser Behauptungen sich zu Herzen nehmen!

Wir wissen, dass die serbische Frage vor wenigen Wochen als dringend der Behandlung der ungarischen Hofkanzlei zugewiesen worden ist. Diese oberste Stelle, deren rechtlicher Bestand in Ungarn bis jetzt geläugnet worden ist, hat gegen die Entscheidung dieser politischen

Frage Verwahrung eingelegt, da deren Behandlung der Competenz des ungarischen Landtages nicht entrückt werden könne.

Man erlaube uns jetzt die Frage: Kann eine solche legale Aeusserung nach oben von Wirkung sein, wenn ihr von unten jede Beachtung versagt wird?

Desshalb fürchten wir, dass unsere bösen Ahnungen in Erfüllung gehen und die serbische Frage trotz aller patriotischen Gegenbemühungen des ungarischen Hofkanzlers noch vor dem Zusammentritte des nächsten Landtages in einer Weise wird entschieden sein, die jede Aenderung ausschliesst.

Diess Alles deutet nur dahin, dass Ungarn nicht ferner unthätig bleiben kann.

Wir sagten bereits, es sei früher allerdings am Platze gewesen, dass die ganze ungarische Nation durch ein beredtes Schweigen Verwahrung gegen die Unbilden eingelegt hat, die sie erfahren musste; — jetzt sind wir der Ueberzeugung, dass jedes passive Verhalten Ungarn nur Nachtheil bringen kann.

Die ungarischen Patrioten scheinen, durch die einmal gemachten Erfahrungen ermuthigt, den passiven Widerstand neuerlich für ein erfolgreiches Mittel zu betrachten; doch wer wagt es zu behaupten, dass zwischen der Lage Ungarns während der letzten zwölf Jahre und der heutigen kein Unterschied bestehe? Oder will man vielleicht als Beweis anführen, dass die wiedergegebene Verfassung nun abermals suspendirt worden sei?

Doch bei dieser Behauptung müssen wir länger verweilen.

IV. Das Diplom vom 20. October.

Das Diplom vom 20. October — jedenfalls ein bedeutendes Staatsereigniss wurde — in Pest nicht genug gewürdigt. In dem Gefühle überschätzter Macht wurde dasselbe als eine nothgedrungene Concession betrachtet, die dem Monarchen durch die europäischen Verhältnisse sowohl als durch die Haltung der Ungarn abgerungen ward. — Was dann geschehen, ist nur Folge dieser ersten irrthümlichen Auffassung. Man sagte sich:

Wenn Kazinczy-Feier und Széchenyi-Requiem solche Erfolge gehabt, ist die Hoffnung nicht zu kühn, durch neuerliche und gewandt geleitete Agitationen die ohnehin schon schwankende Staatsmacht zu noch grösseren Concessionen zu drängen, vielleicht gar dahin zu gelangen, dass der Monarch die oberste Leitung des Militärs und der

Finanzen, das Heer und sogar die in letzter Zeit sehr gut armirten Festungen, wie diess im Jahre 1848 der Fall gewesen, neuerlich einem unabhängigen und verantwortlichen Ministerium übergeben werde; daher wurde das Diplom bei seinem Erscheinen sogleich verdammt und in der Landeshauptstadt mit einigen wenngleich missglückten Demonstrationen begrüsst; zugleich wurde von gewisser Seite Sorge getragen, dass dieser unangenehme Eindruck sich alsbald über das ganze Land verbreite. — Es unterliegt keinem Zweifel, dass dem October-Diplom die Zeit seines Entstehens ungünstig war; das grosse Publicum, in die Geheimnisse der Cabinete nicht eingeweiht, hat Oesterreichs Beziehungen zum Auslande eben nicht im günstigsten Lichte gesehen und Oesterreichs Gegner haben nicht unterlassen das Ihrige beizutragen, damit diese Beziehungen für gespannter gehalten wurden als sie es wirklich waren. — Im November des Jahres 1860 war es nicht rathsam in Ungarn Jemand zu widersprechen, wenn er eine Invasion des Auslandes spätestens für den folgenden Monat März in Aussicht stellte. — Diess war die Situation in Ungarn, als das Diplom das Licht der Welt erblickte; und dennoch können wir, die wir die politischen Ereignisse durch eine Reihe von Jahren mit voller Aufmerksamkeit verfolgt haben, mit ruhigem Gewissen bestätigen, das Diplom habe ernste Menschen zum Nachdenken gestimmt. Wurden die darin enthaltenen Zugeständnisse nicht für vollkommen befriedigend gehalten, haben sie doch keinen schlechten Eindruck im Lande gemacht; es wurde als guter Anfang mit besseren Hoffnungen für die Zukunft betrachtet. — Doch musste diese Auffassung bald in den Hintergrund treten und einem von Pest ausgehenden *mot d'ordre* das Feld räumen; von dem Terrain wurde Besitz genommen und die verschiedenen Comitats-Commissionen unter Szozâtklängen installirt. — Und was that die ungarische Regierung, die am 20. October an das Ruder getreten? Sie ernannte alle Obergespäne, organisirte die ungarische Hofkanzlei, befasste sich mit der Umgestaltung des ungarischen Statthalterei-Rathes und — sah dem Treiben im Lande ruhig zu.

Als wir die Namen der neuernannten Obergespäne gelesen, konnten wir über die Geschicklichkeit des Baron Vay nicht genug staunen, da wir der Meinung waren, es sei ihm gelungen binnen wenigen Tagen ein politisches Programm aufzustellen, das sowohl Fürst Paul Esterházy und Graf Georg Andrássy als Baron Ludwig Vay und Koloman Tisza annehmbar gefunden haben.

Wir wollen heute nicht mehr darüber sprechen, von welchem Erfolge es gewesen wäre, wenn die Männer, die damals die Zügel der Regierung in die Hände genommen, die Ansichten, welche in Pest beliebt waren, sofort berichtigt und die wahre Tragweite des Diploms erklärt hätten.

Wir waren bei der Entstehung des Diploms nicht betheiligt, dürfen daher aufrichtig bekennen, dass wir niemals weder mit der Form, noch mit dem Inhalte dieses Actenstückes einverstanden waren und es auch heute nicht sind. Doch müssen wir bekennen, dass Jene, deren aufopferndem Einflusse es gelungen, diese allerhöchsten Entschliessungen zu erwirken, dem Reiche und Ungarn grosse und patriotische Dienste geleistet haben.

Unsere Beziehungen zu dem Diplome sind die eines Unbetheiligten; wir müssen jedoch der Grossartigkeit, Wichtigkeit und besonderen Tragweite dieser Urkunde volle Gerechtigkeit widerfahren lassen. Wir können darin nichts finden, was darauf hindeutet, dass es nicht möglich gewesen wäre das constitutionelle Regime Ungarns den veränderten Verhältnissen anzupassen, ohne die Selbstständigkeit und Unabhängigkeit Ungarns aufzuopfern.

Indem wir dieses behaupten, halten wir uns weniger an den todten Buchstaben des Diploms als an den Geist, der es durchweht, und die Principien, die darin niedergelegt sind.

Ohne die Entstehung dieses Staatsgrundgesetzes einer eindringlichen Analyse unterzogen zu haben, sind wir dennoch zu der Ansicht gelangt, dass das Diplom nicht eine durch die Zeitumstände dem Monarchen abgerungene Concession, sondern das Ergebniss von Erfahrungen ist, die der Monarch in den zwölf Jahren seiner Regierung gesammelt; wir können darin nur das Streben erkennen Fehler gut zu machen, um zu einer dem vorgesteckten Ziele entsprechenden Transaction mit den Ungarn zu gelangen; wir können in dem Diplom und den verschiedenen am 20. October 1860 an den ungarischen Hofkanzler gerichteten Handbilleten nur die gereifte Idee erkennen, mit dem Absolutismus zu brechen, um in dem ganzen Reiche constitutionelle Institutionen in's Leben zu rufen.

In den Ländern der ungarischen Krone soll die alte Verfassung mit den Forderungen der Neuzeit in Einklang gebracht und es auf diese Weise ermöglicht werden, die im Sinne der pragmatischen Sanction untheilbare Monarchie unter Wahrung der gesetzlichen Sonderstellung Ungarns constitutionell zu regieren; kurz, das Diplom ist für Ungarn der Befehl des Königs, die Staatsumwälzung, welche Bach gegen die Länder der Krone des heiligen Stephan organisirt und von oben herab geleitet hat, aufhören zu lassen.

Diess ist es, wodurch zumeist dieser Staatsact sich auszeichnet. — Das Diplom ist nur die Form, nicht das Wesen der Sache. — Statt das Diplom von diesem Standpunkte zu erläutern und zu beurtheilen, statt eine Combination zu suchen, die alle Welt befriedigt, wussten die Ungarn nichts Besseres als das Jahr 1848 auf ihre Fahne zu schreiben, ohne zu bedenken, dass heute wesentliche Factoren zur Verwirklichung dieses kurzen Programmes fehlen.

Was im Jahre 1848 errungen ward, wäre ohne einen Aufstand in Wien und in den Erbländern der Krone nie zu erreichen gewesen; — doch heute sind die Verhältnisse andere, denn Wien und die Erbländer unterstützen die Krone jetzt im Reichsrathe gegen Ungarn, das nun abermals die Verfassung des Jahres 1848 zurückverlangt. Und die Situation ward durch das Schweigen der ungarischen Regierungsmänner des 20. October noch viel schwieriger. — Die Graner Conferenz, die vor der Veröffentlichung des Diploms allenfalls von Nutzen gewesen wäre, hat, da sie von der Regierung gar nicht geleitet ward, gelinde gesagt, der Sache nur geschadet. Diese Conferenz war nur das Echo der Pester Stimmung, die um so zuversichtlicher an ihrer Ansicht festhielt, als man wahrnahm, dass die Regierung gar nicht den Muth habe jene Fragen der Conferenz vorzulegen, welche der König in einem an den Hofkanzler unterm 20. October erlassenen Handbillete ihrer Berathung zugewiesen hatte.

Die mit der Leitung der Comitate beauftragten Obergespäne haben sich, mit geringer Ausnahme, geweigert den Diensteseid in der seit Jahrhunderten üblichen Form zu leisten, obschon die Gesetze des Jahres 1848 hierin nichts geändert haben; und auch hiezu hat Baron Vay geschwiegen! — Hierbei können wir ein Factum nicht verschweigen, dessen Bedeutung Niemand verkennen wird. So hat es z. B. einen immensen Eindruck in ganz Ungarn gemacht, als Graf Georg Károlyi bei Gelegenheit des Antrittes der Obergespanswürde des Szathmárer Comitats, auf seinen bekannten Patriotismus gestützt, dem allgemeinen Drucke sich entzog, um den Eid in der Form zu leisten, wie er seit Jahrhunderten geleistet ward. Dieser Schritt des Grafen Károlyi hat allerdings sehr missfallen; doch ihn anzugreifen oder zu verdächtigen hat Niemand gewagt.

Man wusste, Graf Károlyi habe seine politischen Gesinnungen nicht geändert, und nun frug man sich, wesshalb die übrigen Obergespäne nicht wie er gehandelt haben; doch Baron Vay hat abermals geschwiegen, obwohl ein aufklärendes Wort und energisches Handeln hier von grossem Vortheile gewesen wäre. So ging es immer weiter ohne jedwede Beirrung.

Die Municipalitäten des Landes haben sich entgegen den Weisungen, die sie erhalten, im Sinne der Verfassung vom Jahre 1848 constituirt und nur die Beamtengehalte wurden mit den Anforderungen der neuen Zeit in Einklang gebracht. — Die Befehle der Hofkanzlei wurden bei Seite gelegt und Niemand wäre es eingefallen, einer Regierung gehorsam zu sein, die kraft- und willenlos die Schlichtung der öffentlichen Angelegenheiten dem Zufalle und Jenen überliess, deren Streben vor Allem dahin ging, die Legitimität der Regierung zu läugnen. — Bei dieser Lage der Dinge musste ruhigen und bedachten Männern allen Ernstes der Gedanke sich aufdrängen, dass Oesterreich, welches eine solche Verachtung mit Ruhe und Geduld hinnimmt, seinem Zerfalle entgegengehe.

Ohne den Patriotismus der October-Männer zu bezweifeln, sind wir überzeugt, die öffentlichen Zustände wären in Ungarn nie dahin gekommen, wo sie heute sind, wäre die Nation besser geleitet worden. Wir selbst haben bei Einführung des Provisoriums die Aeusserung gehört, es sei Alles in Vorhinein beschlossen gewesen; Baron Vay habe sich blos als Instrument gebrauchen lassen, um den Absolutismus in Ungarn wieder herzustellen, doch die Nemesis habe ihn erreicht; denn er musste dem System, welchem er durch sein passives Benehmen zum Siege verholfen, zum Opfer fallen.

V. Das constitutionelle Leben.

Das constitutionelle Leben in Ungarn ist unter Verhältnissen erwacht, wie man sie nicht leicht wieder finden dürfte; Fehler wurden auf Fehler gehäuft; in dem Labyrinthe der Irrthümer, die entstanden, sich zurecht zu finden, war unmöglich; masslose Agitation herrschte in allen Theilen des Landes, nirgends jene Mässigung und ruhige Anschauung, die bei dem so wichtigen und ernsten Werke der Organisation der Municipal-Behörden vor Allem nothwendig gewesen wäre. — Das starre Festhalten an den Gesetzen des Jahres 1848, wodurch vermeintlich die Rechtscontinuität gewahrt werden sollte, hat zu solcher Begriffsverwirrung geführt, dass Niemand im Stande war die wirklichen Bedürfnisse und Wünsche des Landes zu erkennen, geschweige denselben zum Ausdrucke zu verhelfen; es kam so weit, dass Niemand gewagt, an eine andere Lösung der obschwebenden Differenzen als durch Wiederherstellung der Gesetze des Jahres 1848 zu denken. Ferner wurden, im Widerspruche mit allen Begriffen von Recht und Gerechtigkeit, die Giltigkeit und Continuität der privaten Rechtsverhältnisse, so wie die öffentliche Sicherheit des Landes im Namen des Gesetzes gefährdet.

Diess in Betracht gezogen, musste sich der Gedanke uns aufdrängen, solche krankhafte Erscheinungen können in keinem Falle der

Ausdruck der öffentlichen Meinung sein, für den sie gehalten werden; denn der biedere und gerade Sinn der Ungarn kann keinen Gefallen finden an Begriffen, die seiner Natur entgegen sind.

Nur die durften im Namen der Freiheit unbeirrt ihre Meinung äussern, die bis in das kleinste Detail an den Bestimmungen der Verfassung vom Jahre 1848 festhielten.

Sollte Jemand die Richtigkeit dessen, was wir so eben gesagt, in Zweifel ziehen, möge er die Erklärung lesen, die Franz Deák in einer Sitzung des Pester Gemeinderathes über Rechtsverhältnisse in Ungarn vortrug. Dieser grosse Patriot musste mit dem ganzen Gewichte seiner Autorität auftreten, um wenigstens in der Hauptstadt des Landes Ruhe und Ordnung aufrecht zu erhalten. Leider gibt es nur Einen Deák, und seine Bemühungen waren nicht ausreichend, um den Begriffen von Recht, wie sie ohne Zweifel von der grossen Majorität der Ungarn getheilt werden, gegen den Enthusiasmus für die Gesetze vom Jahre 1848 zum Durchbruche zu verhelfen.

Für dieses muthige Auftreten wurde dieser grosse Patriot nicht nur sofort von einem seiner Collegen, Virgil Szilágyi, in öffentlicher Sitzung angegriffen, man wollte sogar Deák als Zeichen des allgemeinen Missfallens über die Rechtsbegriffe, die er zu vertheidigen gewagt, durch eine öffentliche Demonstration in Form einer Katzenmusik rügen; — doch müssen wir zur Ehre der Pester Bürgerschaft hinzufügen, dass die Ausführung dieses eben so verwegenen als elenden Projectes rechtzeitig verhindert ward. — Es hat wenig gefehlt, und Deák's Popularität wäre verloren, sein Name unter den sogenannten Vaterlandsverräthern verzeichnet gewesen.

Wir sind fast geneigt, die Berufung auf diese öffentliche Meinung für einen überlegten Feldzugsplan zur Erreichung ganz anderer Zwecke zu halten.

Viele, die das Krankhafte dieser Symptome sahen, haben eine Heilung dieser Uebel eher von dem Landtage als von den einzelnen Municipal-Versammlungen erwartet. — Die Regierung, die am 20. October an's Ruder gelangt war, ist unthätig geblieben, weil sie dieser irrigen Auffassung sich angeschlossen hat.

Wir haben das Unrichtige dieser Ansicht vom Anfange erkannt, da es nicht vorauszusetzen war, dass die Landtags-Deputirten eine andere Politik befolgen würden als die verschiedenen Comitats-Versammlungen, aus denen sie hervorgegangen sind. — Es war ein Leichtes, den weiteren Verlauf des Landtages aus manchen Anzeichen vorauszusehen; wir hatten vom Anfange die Ueberzeugung, Deák werde die Majorität im Landtage nur auf Kosten der Transaction, die er angestrebt, erlangen.

Was in den Comitats-Commissionen im Kleinen geschehen, fand auf dem Landtage im Grossen seine Wiederholung. Hier und dort hat man die alte Wahrheit vergessen, dass Leidenschaft und Rache in der Politik nie am Platze sind. — Der Zweck dessen, was in den Comitats-Commissionen und auf dem Landtage geschah, ging einfach dahin, Alles zu zerstören und mit einem Male ungeschehen zu machen, was von Oesterreich in den letzten zwölf Jahren geschaffen worden ist, wenn es auch dem Lande nur zum Nachtheile gereicht.

Während dieses in Ungarn sich zutrug, that die Krone nichts, um diesen Tendenzen ernstlich entgegenzutreten, obgleich man sehr wohl gewusst, dass die Landtags-Deputirten noch andere und geheime Zwecke verfolgen. Es wurden allerdings einzelne Mahnungen erlassen, doch wurde dadurch das Uebel nur vermehrt, da die beispiellose Geduld der Regierung von den vermessenen Wortführern in Ungarn für Schwäche gehalten ward.

Wohin hat dieser neun bis zehn Monate dauernde Zustand der Dinge Ungarn gebracht? Die Nation hat sich an die Schranken, die das Diplom vorgezeichnet, nie gehalten, Niemand hat sich mit den Fragen beschäftigt, die im Sinne desselben der landtäglichen Behandlung vorbehalten waren.

Wir wollen versuchen die Ursachen dieser Erscheinungen aufzudecken, da wir damit eine patriotische Pflicht zu erfüllen glauben.

Bald nach dem 20. October ist ein Zustand eingerissen, der in die Länge nicht haltbar war; — die Comitate haben jeden Gehorsam verweigert, und bald sahen wir ebenso viele Legislationen sich selbstständig geriren. — Dass Freiheit der Person und des Eigenthums nicht in noch höherem Grade gefährdet wurden, als diess geschehen, ist nur der guten Gesinnung der Bevölkerung zu verdanken. — Die oberste Staatsregierung sollte durch Steuerverweigerung in Verlegenheiten und in eine Lage gebracht werden, die ihr Bestehen zur Unmöglichkeit gemacht hätte. — Dem entgegen wurden eigenmächtig Steuern ausgeschrieben, deren Grundlage weder gerechtfertigt noch geregelt war. Diese Steuern konnten durch die Willkür der verschiedenen Comitats-Commissionen in's Unendliche vermehrt werden, ohne dass die Steuerpflichtigen eine andere Controle als durch dieselben Comitats-Commissionen ausüben konnten, die die Steuer dictirt hatten. Die Bewohner des Landes waren nicht nur nicht verpflichtet, den Befehlen der Regierung, die man für ungesetzlich erklärt hatte, gehorsam zu sein, sie wurden zum Ungehorsam sogar ermuthigt und durch thätlichen Widerstand angeeifert; die höchsten Schichten wie das Volk wurden abgehalten ihrer Steuerpflicht nachzukommen, indem Jeder als Vaterlandsverräther geächtet ward, der sich geweigert, den Geboten des Terrorismus zu gehorchen. Um die Gesinnung und die Kraft des Landes Oesterreich gegenüber, dessen Untergang für die nächsten Monate vorhergesagt worden war, zur Geltung zu bringen, wurde das Andenken jener Männer gefeiert, die vermeintlich Ungarn im Jahre 1848 befreit haben sollen, und die zum selben Zwecke in den nächsten Wochen wieder erscheinen würden.

Des Prinzen Napoleon, eines Garibaldi wurde mit Wärme gedacht; — Türr, Pulski, Klapka und Gott weiss wer noch wurden zu Mitgliedern der verschiedenen Comitats-Commissionen gewählt. — Diess Alles sollte beweisen, dass nur die erbittertsten Feinde des Königs die einzigen und besten Freunde der Ungarn sind. — Man erlaube uns die Frage: Ist ein solcher Vorgang etwa würdevoll in einem Augenblicke, wo der Monarch die Regierungsform mit den Wünschen des Volkes in Einklang zu bringen Willens ist?

Die Zustände, wie sie im verflossenen Jahre in Ungarn bestanden, konnten nur zur Revolution, als letzter Entwickelung der schon vorhandenen Anarchie, oder zum Absolutismus führen, der alsbald die Herrschaft ergriffen hat. — Der Landtag hat mit Ausnahme der Gutheissung der Judexcurial-Beschlüsse so zu sagen gar nichts gethan, um die Verwirrung zu lösen; er war vielmehr durch sein Stillschweigen bestrebt dieselbe noch zu erhöhen.

Viele sind der Ansicht, die Suspendirung der Verfassung sei eine Folge der Auflösung des Landtages. Wir sind hierüber anderer Meinung, da die Auflösung des Landtages nur eine neuerliche Berufung der Krone an die Nation möglich machen sollte, wie diess in constitutionellen Ländern öfter geschieht und überall ein Vorrecht des Monarchen ist. Hingegen leben wir der vollsten Ueberzeugung, dass der dermalige Ausnahmszustand in Ungarn nur durch das bedauernswerthe, jeder socialen Ordnung Hohn sprechende, an Anarchie grenzende Vorgehen der verschiedenen Municipalitäten des Landes herbeigeführt worden ist.

Wir wollen gerne annehmen, obwohl wir auch andere Ideen hegen könnten, der Zweck des ganzen Treibens sei nur die Wiederherstellung der Verfassung des Jahres 1848 gewesen; doch die Art und Weise, dieses Ziel zu erreichen, haben weder den Umständen und der Kraft der Nation, noch der Würde und den Rechten der Krone entsprochen. Und wie diess so oft geschieht, der Schwächere musste unterliegen. Hierin liegt der wahre Grund der Suspendirung der ungarischen Verfassung. Nun wollen wir die Auflösung des Landtages näher beleuchten.

VI. Der Landtag und die öffentliche Meinung in Ungarn.

Die ungerechte und erniedrigende Art und Weise, in der Ungarn während der zwölf Jahre nach Besiegung des Aufstandes behandelt worden ist, hat alle Schichten der Bevölkerung mit Schmerz und Ingrimm erfüllt. Es kann uns nicht Wunder nehmen, wenn bei dem ersten Anlasse der Schmerzensschrei alles Andere übertönt.

Im Gegentheile, hätte die Nation geschwiegen, sie hätte sich der grössten Indifferenz gegenüber den Rechten der Krone und des Vaterlandes schuldig gemacht. Ist es bei so bewandten Umständen zu wundern, dass der Landtag mit kräftiger, durch die Welt vernehmbarer Stimme gegen ein Verfahren, das allen Gesetzen Hohn gesprochen, Verwahrung eingelegt? — Doch Eines müssen wir missbilligen. — Von dem Standpunkte des öffentlichen Rechtes kann die Verweigerung des dem Monarchen gebührenden Titels nicht gerechtfertigt werden. — Die Ursache dieser Verweigerung ist noch bis heute unerklärlich; wir vermögen nicht zu erkennen, zu welchem Zwecke ein Landtag die gesetzlichen Rechte der Krone in dem Augenblicke verletzt, wo er die verfassungsmässigen Rechte des Landes zu wahren und zu fordern bemüht ist!

Noch mehr bedauern wir, dass die Magnaten-Tafel es unterlassen, das Haus der Abgeordneten auf die Ungerechtigkeit und das Unpassende seines Verfahrens aufmerksam zu machen. Als Entschuldigung hiefür wird allerdings der Umstand angeführt, dass man der alsbaldigen Absendung der ohnediess sehr verspäteten Adresse keine neuen Hindernisse in den Weg legen wollte — eine Entschuldigung, die, aufrichtig gesagt eben keine ist. Dieser bedauernswerthe Vorfall hat in dem damaligen Augenblicke, wo ein günstiger Eindruck Allerhöchsten Orts für Ungarn von Nutzen gewesen wäre, gerade das Gegentheil davon bewirkt; die Auflösung des Landtages, durch diese Verletzung der Rechte der Krone motivirt, hätte den Beifall von ganz Europa für sich gehabt. Zum Glück hat ein kurzes königliches Rescript genügt, den Landtag zu seiner Pflicht zurückzuführen. Der Landtag hat gewiss keine Schwäche gezeigt, als er dem königlichen Erlasse sich fügte. Die Deputirten haben die öffentliche Stimme des Landes vernommen, die ihren Beschlüssen ebensowenig wie den Massregeln günstig war, welche die Regierung zur Hintanhaltung der Steuerverweigerungen ergriffen hatte.

Hier müssen wir noch eines Umstandes erwähnen, der nicht verfehlt hat uns über die Meinungen des ungarischen Volkes zu belehren.

In verschiedenen Comitats-Versammlungen wurde der Beschluss gefasst, die landesfürstlichen Steuern zu verweigern und Jene für Landesverräther zu erklären, die dennoch die Abgaben leisten.

Während diess im Namen des Volkes verfügt wird, verwahrte sich das Volk factisch durch die Zahlung der ihm auferlegten landesfürstlichen Steuern gegen einen Beschluss, der in seinem Namen ausgesprochen ward.

Dieselben Comitats-Versammlungen haben andere Steuern ausgeschrieben und deren Einzahlung von dem Patriotismus der Nation gefordert. Allerdings hat das Volk hie und da die ersten Raten dieser Abgaben freiwillig bezahlt, seine patriotische Pflicht mit seinem Interesse jedoch dadurch bald in Einklang gebracht, dass es nur die landesfürstlichen, und nicht die von den Comitaten auferlegten Steuern entrichtete. Diese Thatsachen lassen sich nicht läugnen, und sind ein sprechender Beweis dafür, dass das Volk sich mit seinem Könige aussöhnen, und wenn Schwierigkeiten vorhanden sind, diese im gesetzlichen Wege ohne Hilfe von Garibaldi & Comp. lösen will.

Wohl wird behauptet, dass Seitens der Regierung, um das Volk für sich zu gewinnen, jedes mögliche Mittel in Bewegung gesetzt worden war, worauf wir nur erwidern können, dass auch von ungarischer Seite kein Mittel der Agitation zur Erreichung der Sonderzwecke unversucht geblieben ist. Wenn daher der Erfolg aller Bemühungen nicht im Sinne der Beschlüsse der Comitats-Versammlungen ausfiel, ist diess eben nur ein Beweis dafür, dass es bei einer Berufung an das Volk mindestens sehr zweifelhaft sei, für wen es geneigt wäre, Partei zu nehmen. Der ungarische Landtag hat seine Beschlüsse in der öffentlichen Meinung des Volkes begründet geglaubt, obgleich die öffentliche Meinung, wie wir soeben gesehen, ihn nicht in allen Fällen unbedingt unterstützt hat.

König und Land haben einander nicht verstanden, und es wäre heute überflüssig, die Fehler und die Irrthümer zu beleuchten oder zu rügen, die von beiden Seiten begangen worden sind.

Auf welcher Rechtsbasis ein Vergleich geschehen kann oder soll, darüber sind Jene im Reinen, die eine friedliche Lösung der Dinge anstreben, wozu die pragmatische Sanction allseits als Ausgangspunkt angenommen wird.

Es ist ein Irrthum, dass der allgemeine Wunsch, welcher in der Wiederherstellung der Verfassung des Jahres 1848 seinen Ausdruck findet, zugleich einen Ausgleich auf Grund der pragmatischen Sanction anstrebt. Wir dürfen nicht vergessen, dass die Wünsche des ungarischen Landtages, als er die oben erwähnte Adresse annahm, ganz anderer Art und weitergehend waren, als blos die Rechte und Freiheiten der Nation wieder zu erlangen. Abgesehen von Nebenzwecken wollte der Landtag für Ungarn vorerst die constitutionellen Institutionen überhaupt, deren das Land beraubt war, wieder erlangen; denn der Primas von

Ungarn und der Tavernicus, als sie ihre Stimmen zu Gunsten der Verfassung des Jahres 1848 abgaben, hatten hiezu gewiss andere Beweggründe, als Koloman Ghizy und Baron Eötvös.

Die Verfassung des Jahres 1848 hätte jedenfalls eine Revision erfahren müssen, selbst wenn diese von der Krone weder gefordert, noch betrieben würde.

Des Einen sind wir gewiss, dass es in ganz Ungarn Niemand gibt, der uns gegenüber behaupten könnte, die Verfassung, die uns hier beschäftigt, sei bei ihrem Entstehen der alleinige Ausdruck des innigsten Wunsches und der innigsten Ueberzeugung der ungarischen Nation gewesen. Wer könnte die Ansicht mit Erfolg vertheidigen, dass die verschiedenen Municipalitäten des Landes bei der Wahl ihrer Abgeordneten zum Landtage im Jahre 1848 mit der Idee der Einführung einer neuer Verfassung umgegangen seien? Diese Verfassung ist eben nur das Ergebniss der tiefen Erschütterungen, die Europa in dem Jahre, wo sie entstanden, erleiden musste. Wären auch ihre Mängel in der ersten Zeit nicht sofort zu Tage gekommen, die Nation selbst hätte sie bald entdeckt und auf deren Abstellung gedrungen.

VII. Der Landtag vom Jahre 1848.

Es liegt nicht in unserer Absicht, die Geschichte der Gesetze des Jahres 1848 zu schreiben oder den damaligen Pressburger Landtag in seinen verschiedenen Stadien zu schildern. Die Zeit, die seither verflossen, ist viel zu kurz, wir stehen mit einer grossen Anzahl von Personen in zu nahem Verkehre, um uns ein unbefangenes Urtheil zu erlauben. Die meisten Personen, die vor vierzehn Jahren Zeugen der damaligen Ereignisse waren, leben heute noch; wir berufen uns vor Allen auf den Freiherrn Sigismund Kemény und seine Flugschrift, deren wir bereits Erwähnung gethan; wir müssen bekennen, dass die damaligen Verhältnisse Niemand besser als er gekannt und zu schildern gewusst hat. Wir wollen in diesem Abschnitte die Gesetze des Jahres 1848 einer eingehenden Critik noch nicht unterziehen, wir wollen blos versuchen, die Unrichtigkeit dessen darzuthun, dass diese Verfassung der Ausdruck Jahrhunderte dauernder Bestrebungen und Wünsche der ungarischen Nation sei.

Das System der Administratoren, von der Regierung eingeführt, bot im Jahre 1847 einen willkommenen Anlass zu Beschwerden in den Comitaten und auf dem Landtage. Wir haben die Fehler, die damals von der Regierung begangen wurden, gerügt; wir haben die Comitats-Verwaltung, von der wir soeben sprachen, für inconstitutionell erklärt; doch mussten wir uns darauf beschränken, die Ereignisse mit Spannung zu verfolgen, um so mehr, als wir deren Tragweite bald erkannt haben. Diese Verwaltungsmassregel hat in den verschiedenen Comitatsversammlungen alsbald zur Discussion über staatsrechtliche Fragen geführt, zu deren Lösung verschiedene Mittel je nach der Partei-Stellung empfohlen worden sind. Doch keines der damals aufgestellten Reform-Programme spricht von einem unabhängigen ungarischen Ministerium oder einer parlamentarischen Regierung; kein Deputirter, welchen Wahlkreis er auch vertrat, hat Instruction erhalten, in diesem Sinne zu sprechen oder zu stimmen.

Der Landtag ward eröffnet, und alsbald entbrannte der Kampf zwischen den Conservativen und der Opposition — ein Kampf, der nur mit der grössten Kraftanstrengung und mit Hilfe der lärmenden Tribünen mit geringer Stimmenmehrheit zu Gunsten der Opposition entschieden ward; und dennoch gab es nicht Einen Abgeordneten selbst in den Reihen der äussersten Opposition, dem es beigekommen wäre, den Antrag auf Einsetzung eines ungarischen verantwortlichen Ministeriums einzubringen. Obgleich in der Magnaten - Tafel die Discussion nicht minder heftig war, ist dennoch in den Protokollen nichts verzeichnet, woraus man das Verlangen nach einem verantwortlichen Ministerium entnehmen könnte.

Bei aller Heftigkeit, mit welcher der Streit beiderseits geführt ward, schien eine Verständigung dennoch möglich, sie war sogar angebahnt, als die Nachricht von dem Februar-Aufstande zu Paris einen Umschwung der Dinge in Pressburg herbeigeführt.

Der Eindruck war unbeschreiblich und Graf Stephan Széchényi hat in diesem Augenblicke sein ganzes Talent entfaltet. Wir erinnern uns, von diesem grossen Staatsmanne und Patrioten am 3. März 1848 folgende Worte gehört zu haben: „Ungarn hat eine grosse Zukunft, das ganze Reich kann von Ofen aus geleitet werden, wenn Kossuth*) nicht Alles verdirbt. Der Landtag folge mir, ich habe einen grossen Plan, doch zweifle ich an seinem Gelingen, denn es muss eine Umwälzung stattfinden, — diese Umwälzung, sie ist schon da! Armes Vaterland, Kossuth soll dein Dictator werden!"

Wie bereits erwähnt, hat das System der Comitats-Administratoren den Gegenstand der landtäglichen Discussion gebildet; von einem verantwortlichen Ministerium war nirgend die Rede, und selbst die Idee, einige Räthe der königlichen Statthalterei anzuweisen, dem Landtage, wenn gewünscht, über einzelne Fragen Aufklärungen zu geben, fand nur geringe Unterstützung, obgleich sie in der Adresse vom 4. März zum Ausdruck gelangt war. Als Kossuth nach dem Ausbruche der

---

*) Graf Széchenyi nannte Kossuth „Laicsi," eine familiäre Abkürzung für Ludwig.

2*

Pariser Revolution von dem Schrecken, den dieses Ereigniss in Wien verursacht hat, Kunde erhielt, wollte er nichts von einem Ausgleiche wissen, und schon am fünften Tage nach der Pariser Revolution hat er einen Adress-Entwurf eingebracht, der unter dem Titel: „Agenda des Landtages“ bekannt ist.

Diese Adresse nennt die angeführten Reformen nur Wünsche, sie spricht von ruhigen Zeiten, die erforderlich sind, um diese grossartigen Veränderungen durchzuführen. Obgleich diese Adresse in der Commissions-Sitzung manchen Widersacher fand, wurde sie dennoch in der Plenarsitzung mit Acclamation angenommen, da Niemand sich mit Erfolg dem Terrorismus widersetzen konnte, der von den Tribünen unter Kossuth's Einfluss ausgeübt ward; daher geschah es, dass dieser Adress-Entwurf mit Stimmeneinhelligkeit angenommen ward.

Von Anhänglichkeit und Treue gegen das allerdurchlauchtigste Kaiserhaus ist darin öfter die Rede; damit jedoch die Sache so ernst als möglich erscheine, wird alsbald erwähnt, dass die Wünsche, die in dieser Adresse ausgedrückt worden, die Wünsche vieler Millionen von Bewohnern Ungarns sind; und kein Abgeordneter hat sich weder seines Eides noch seines gegebenen Wortes erinnert, um diesen Anträgen, wodurch die alte Verfassung in ihrer Form und ihrem Wesen verändert ward, zu widersprechen! Diese Abgeordneten haben es für keine Pflichtverletzung gehalten, die neue Ordnung der Dinge im Namen ihrer Wähler anzuerkennen, obgleich sie nur nach Instructionen und nicht eigenmächtig handeln durften. In hundert ähnlichen Fällen haben sich diese Abgeordneten bei Fragen der untergeordnetsten Bedeutung stets auf ihre bestimmten Instructionen berufen; nur diessmal haben sie sich erlaubt, sich als unumschränkte Bevollmächtigte zu geriren.

Wir können nicht einsehen, wie diese Abgeordneten in der Adresse, von der wir sprechen, sagen durften, das Vaterland verlange dringend die beantragten Reformen. Haben diese Herren wohl bedacht, dass sie an die gemessenen Weisungen ihrer Wähler gebunden und nicht ermächtigt waren, der beantragten Verfassungs-Umgestaltung beizustimmen?

Kossuth hat den Abgeordneten glauben gemacht, ganz Ungarn stehe unter Waffen, das Volk habe stürmisch zwölf Punkte als die Wünsche des Vaterlandes an allen Strassenecken zu Pest angeschlagen; auf dem Rákos-Felde werde von tausenden mit Sensen bewaffneten Männern den Wünschen des Landes Nachdruck gegeben, und Haufen empörten Volkes seien nach Ofen gezogen, um dort Herrn Michael Tancsics, diesen Märtyrer der Freiheit, aus dem Kerker zu befreien. Diese Haufen waren allerdings bewaffnet, doch mit Regenschirmen statt mit Mordinstrumenten, da der Himmel während dieser denkwürdigen Tage das Vaterland reichlich mit Regen bedacht hatte. Noch heute können wir uns des Lachens bei Erinnerung an diese Schaaren nicht enthalten, die Kossuth's Phantasie zu wüthenden Kämpen für Freiheit und Vaterland gestempelt und die wir vor der Hauptwache in Ofen die Flucht ergreifen sahen, als der aufgestellte Posten Angesichts der herbeiströmenden Menschenmenge die Mannschaft unter's Gewehr rief.

Die Leichtgläubigkeit in Pressburg ging so weit, dass Kossuth die Absendung einer Reichstags-Deputation unter dem Vorsitze des Grafen Keglevich durchsetzen konnte — einer Deputation, die mit dem Dampfboote von Pressburg nach Pest fuhr, um die angeblich auf das äusserste gereizte Bevölkerung zu beschwichtigen.

Obgleich im ganzen Lande Ruhe, Ordnung und tiefer Friede geherrscht, wusste man in Pressburg aller Welt den Ausbruch eines Bürgerkrieges glauben zu machen. Ein einziger Mann, Herr Johann Zarka, Präsident der königlichen Tafel, hat trotz des Lärmens und der gegen ihn ausgestossenen Drohungen seitens der Tribünen in der Sitzung vom 4. März 1848 den Muth gehabt, die Stände auf die hohe Wichtigkeit der Adresse, die Kossuth beantragt, aufmerksam zu machen; seine Worte sind verhallt, oder besser gesagt, wurden gar nicht vernommen, da auf Kossuth's Weisung die Tribünen sich so stürmisch geberdeten, dass nichts übrig blieb, als die Adresse ohne Discussion anzunehmen.

Ganz Pressburg war in Angst und Schrecken, da Kossuth es verstand, die Welt zu terrorisiren, und in Wien konnte man sich zu einem energischen Schritte nicht entschliessen, obgleich man durchaus nicht geneigt war, den revolutionären Forderungen des Landtages Gehör zu schenken.

Wenn der Aufstand in Wien die Regierung nicht gänzlich aus der Fassung gebracht hätte, wäre die Verfassung des Jahres 1848 gewiss nie zu Stande gekommen. Ein energischer königlicher Verweis über das zügellose Benehmen der Tribünen, sofortige Auflösung des Landtages und eine Berufung des Königs an die verschiedenen Municipalitäten des Landes hätte gewiss ihren Zweck nicht verfehlt; denn Niemand kann behaupten, dass die Comitate die Beschlüsse ihrer Abgeordneten, wodurch die tausendjährige Verfassung des Landes umgestürzt ward, gutgeheissen hätten. Jedoch ein anderes Loos war Ungarn vorbehalten.

Wie wir gesehen, ist die Adresse vom 4. März die Grundlage der Verfassung vom Jahre 1848.

Im ganzen Lande hat Niemand an die Aenderung der alten Verfassung gedacht; selbst Kossuth hat erst nach der Pariser Februar-Revolution gewagt, mit dem neuen Verfassungs-Projecte in Form eines Wunsches hervorzutreten. Bald wurde der Wunsch zur Forderung, die Forderung zum Gesetz-Entwurfe, der von dem terrorisirten Landtage angenommen und von dem eingeschüchterten Könige sanctionirt ward. Wir können nicht verhehlen, dass sämmtliche Comitate des Königreichs, alle Abgeordneten und mit ihnen der König auf das äusserste von dem Werke, das geschaffen worden, überrascht waren. Diess mit kurzen Worten die Geschichte der Entstehung der Verfassung vom Jahre 1848.

Diese Verhältnisse waren aller Welt bekannt; wir können daher über die Kühnheit nicht genug erstaunen, mit der allgemein behauptet wird, dass weder der Landtag noch der König zur Annahme dieser Gesetze moralisch gezwungen, vielmehr diese Gesetze allerseits mit dem grössten Enthusiasmus aufgenommen worden sind.

Was diesen Enthusiasmus betrifft, erinnern wir uns, dass manche Familien, um vermeintlich ihrer Freude Ausdruck zu geben, das Volk bewirthet haben; doch thaten sie diess, weil, wie wir später in Erfahrung gebracht, sie in ihrem Eigenthume sich bedroht sahen, wenn sie einen Unwillen über die neue Ordnung der Dinge geäussert hätten. Manche trugen die grössten Cocarden, um nicht für sogenannte Landesverräther gehalten zu werden. Wir erinnern uns hier der Worte eines ausgezeichneten Patrioten: „Kossuth“, sagte er, „wird mich nie für seine Revolution gewinnen, er wird mich eben zum Heuchler machen, da ich durch die Cocarde, die ich trage, der Welt beweise, dass ich zu seiner Partei gehöre.“ In vertrauten Kreisen sahen wir gar oft diese Cocarde zu Boden werfen und mit Füssen treten.

Auch officiell wurde der Patriotismus in Scene gesetzt. So sind z. B. in verschiedenen Theilen des Landes unter dem Namen von Ministerial-Commissären Männer aufgetreten, um, wie sie gesagt, das Vaterland zu retten. Diese Commissäre, wie Herr Paul Nyáry in Pest, machten es sich zur Aufgabe, die Gemüther zu beruhigen. Natürlich war die ganze Aufmerksamkeit dieser Männer auf die Comitate gerichtet, um jede Bewegung in denselben niederzuhalten.

Indessen nahm in Pressburg Alles den besten Verlauf. Kossuth dictirte Gesetze, Kossuth, der einige Monate früher nur mit vieler Mühe und Anstrengung der Opposition zum Landtags-Abgeordneten gewählt worden war. Kossuth spielte die Rolle des Bevollmächtigten von ganz Ungarn und dictirte Gesetze, die von den eingeschüchterten Abgeordneten mit Jubel begrüsst wurden. Kossuth war Dictator im strengsten Sinne des Wortes.

Einsichtsvolle Menschen waren der Meinung, dass die in der Adresse vom 4. März dargelegten Wünsche bei dem Eintreten friedlicher Verhältnisse einer eingehenden Prüfung und Berathung würden unterzogen werden.

Zum Beweise dessen, in welcher Weise auf dem Pressburger Landtage vorgegangen ward, wollen wir noch Nachstehendes anführen:

In der Sitzung vom 18. März 1848 haben die Deputirten allen Ernstes die Magnatentafel aufgefordert, in die Abschaffung des geistlichen Zehents zu willigen, um unter den damaligen bewegten Verhältnissen den geistlichen Stand auf jede Art populär zu machen und zu unterstützen!!

Man wird leicht einsehen, welcher Zweck damit hätte erreicht werden sollen. Nicht nur die katholische Geistlichkeit, sämmtliche Katholiken des Landes sollten auf diese Weise für Kossuth'sche Zwecke gewonnen werden!

Alles beugte sich vor dem Dictator, dessen Befehle von dem sich für permanent erklärenden Landtage stets angenommen wurden, da man die Zustimmung der Krone durch moralischen Zwang zu erlangen gewusst hat; damit jedoch die Täuschung vollständig sei, wurde aller Welt verkündet, der Landtag sei bei seiner Berathung in der normalsten Weise vorgegangen, die Abgeordneten hätten gewissenhaft ihre Instructionen befolgt, ihr ganzes Streben sei dahin gegangen, die Rechte des Landes zu vertheidigen!

Während diess in Pressburg sich zutrug, kämpfte ein Theil des Heeres gegen die Revolution in Italien; in Wien wurde der Kaiser von Doctoren- und Sturmpetitionen verfolgt und gezwungen, seinen ersten Minister zu entlassen; im Interesse der Ruhe und des Friedens wurden der ungarische und siebenbürgische Hofkanzler auf ihr dringendes Ansuchen ihrer Stellen enthoben; dennoch machte man der Welt glauben, der König habe seine Entschliessungen frei von jedem Einflusse oder Drucke von Aussen gefasst, als er Ludwig Kossuth unter dem Eljen-Rufe einiger hundert Juraten und dem Beifallssturme der Wiener Aula zum Minister ernannte — Kossuth reichte darauf die Hand — nun wem? dem Doctor Alexander Bach, der bald nachher Minister ward.

Um jedoch der Welt die gänzliche Unabhängigkeit des Königs zu beweisen, wurde er dazu bestimmt, nach Pressburg zu kommen, um die neue Verfassung in eigener Person zu genehmigen.

Kann nun Jemand ernstlich behaupten, dass eine Verfassung, die auf diese Weise entstanden, der Ausdruck der öffentlichen Meinung der Nation und der aufrichtigen Gesinnungen der Krone sei?

Wir zweifeln daran, dass in irgend einem Lande eine Verfassung angenommen würde, die den Volksvertretern die Befugniss einräumt, nach Gutdünken Beschlüsse zu fassen, wenn diese gegen das Interesse der Nation gerichtet sind. Wer würde z. B. die Verfassung des Landes auf Gesetze gründen wollen, durch welche dem Hause der Abgeordneten die

Befugniss wird, über König und Vaterland unumschränkt zu walten; denn Niemand kann läugnen, dass der 6. Paragraph des 4. Gesetzartikels vom Jahre 1848 diese Befugniss enthält, indem darin bestimmt wird, dass der Landtag nicht früher aufgelöst oder vertagt werden könne, als das Ministerium das Budget für das kommende, und die Rechnungen des abgelaufenen Verwaltungsjahres vorgelegt hat.

Ungarn sucht eine Garantie seiner Verfassung in Gesetzen, die die Nation des Rechtes berauben, ihren Vertretern Instructionen zu geben und diese wieder zurückzunehmen, wodurch einigen hundert Menschen die Ermächtigung wird, den freien Willen von Millionen zu missbrauchen. Eine Nation, die sich solche Gesetze geben oder zurückverlangen kann, verdient nicht constitutionell regiert zu werden. Eben so ist es ein Irrthum, diese Verfassung für den Ausdruck der öffentlichen Meinung zu halten, sie ist vielmehr der Ausdruck der Meinung einer gewissen Partei, die dieselbe auszubeuten strebt, weil sie ihren Zwecken dienstbar ist.

Es ist an der Zeit, mit der Sache in's Reine zu kommen; diess kann jedoch nur geschehen, indem Jene, die durch Verdienst, Vergangenheit und gesellschaftliche Stellung sich auszeichnen, ihr Haupt erheben, und dieses ohne Hintergedanken zu thun für patriotische Pflicht erkennen.

Doch beleuchten wir die Begriffe, die sich Manche über Patriotismus machen. Was nützen z. B. die patriotischen Versicherungen des Neograder Obergespans, dessen Name doch nur verdächtigt wird.

Graf Franz Zichy wird z. B. Niemand glauben machen, er theile Kossuth's politische Ansichten; wesshalb theilt er diese nicht? weil er sie eben nicht theilen kann.

Wir werden aus der abnormen Lage, in der sich Ungarn heute befindet, nicht eher herauskommen, bevor Männer öffentlich auftreten, die laut vor der Welt bekennen, was sie unter vier Augen für Recht halten.

Es ist traurig zu sehen, dass selbst die Ersten der Nation, auf welche die Uebrigen blicken, nicht den Muth haben sich dem Drucke der öffentlichen Meinung zu entziehen. Wir wollen annehmen, dass sie diess blos desshalb thun, um eine loyale Transaction nicht unmöglich zu machen; doch scheint uns diess ein grosser Irrthum, da wir auf dem Felde der Principien jede Transaction für unmöglich halten.

Eine solche politische Transaction ist schlechter als der offene und ehrliche Kampf, da die unabhängige Ueberzeugung dadurch nur verwirrt wird; im besten Falle kann man eine kurze Waffenruhe erzielen, doch der Kampf wird beim ersten Anlasse mit grösserer Heftigkeit entbrennen.

Wir wünschen unsere Gegner zu überzeugen und nicht zu besiegen. Wir wollen die Verfassung des Jahres 1848 nicht vernichten, wir wollen sie blos der ruhigen Beurtheilung der Nation unterziehen, da diese Gesetze ohne Discussion, ohne Vorwissen der Stände, ohne deren Instruction, überstürzt und unter ausserordentlichen Umständen gebracht worden sind. Wir wollen über diese Gesetze im Einverständnisse mit der Regierung eine neuerliche Berathung, um zu erörtern, ob sie bestehen, oder modificirt und aufgehoben werden sollen. Diese Gesetze können nicht vorerst in's Leben treten und dann discutirt werden, da diess jede Discussion erschweren, wo nicht unmöglich machen würde.

VIII. Verschiedenheit der Ansichten.

Die Nothwendigkeit der Revision der Gesetze des Jahres 1848 hat der jüngste Landtag gleichfalls anerkannt; in dieser Beziehung bestand zwischen ihm und der Krone keine Meinungsverschiedenheit. Die Hauptschwierigkeit lag darin, dass der Landtag die Revision der Gesetze erst dann vornehmen wollte, wenn diese Gesetze vorerst wieder Rechtskraft erhalten, während die Krone zuerst die Revision verlangt, und nur die revidirten Gesetze zu bestätigen willens ist. Der Unterschied ist allerdings ein grosser. Es handelt sich wesentlich darum, zu wissen, ob die Nation nachgeben kann, ohne ihre Rechte zu opfern, oder auch nur zu gefährden. Bei Lösung dieser Frage müssen wir Umstände, die alle Beachtung verdienen, in Betracht ziehen.

Die dermalige Situation bildet eine neue Zeit, die, wenn auch nicht eine Folge der Ereignisse des Jahres 1848, dennoch durch die damalige Verfassung hervorgerufen ward. Was während der letzten 14 Jahre geschehen, kann heute nicht ignorirt werden, — und da weder die Nation, noch die Krone die Lage der Dinge ändern kann, ist es natürlich, dass bei Lösung dieser Frage Billigkeit und allgemeine politische Rücksichten nicht ausser Acht gelassen werden können.

Die Krone erblickt in einzelnen Bestimmungen der Gesetze des Jahres 1848 eine Bedrohung ihrer Würde und eine Verrückung der Basis der pragmatischen Sanction; desshalb weist sie jedes Streben zurück, diese Gesetze, wenn auch nur momentan, wieder herzustellen.

Croatien will nicht einmal den Versuch machen, sich mit Ungarn auf Grund der Gesetze des Jahres 1848 zu vereinigen.

Die übrigen Nationalitäten des Landes trachten bald von der Krone, bald von dem Landtage eine Garantie jener Rechte zu erlangen, welche die Verfassung des Jahres 1848 verletzt haben soll.

Andererseits will die ungarische Nation die Macht und das Ansehen der Krone sichern, mit Croatien und den übrigen Nationalitäten sich auszusöhnen, doch verlangt sie im Sinne der letzten Landtags-Adresse, dass die Gesetze, gegen die man sich allgemein beschwert, vorerst hergestellt werden sollen, da man sich bis dahin nicht dazu verstehen will, neue Gesetze zu schaffen oder zu einer Vereinbarung die Hand zu bieten.

Dieser schroffe, formelle Gegensatz könnte uns zur Verzweiflung bringen, würden wir nicht die Ueberzeugung hegen, dass bei einer ruhigen Beurtheilung der Sachlage dennoch ein anderes Resultat zu erzielen wäre. Wir müssen diese Differenz einem allzustrengen Festhalten an legalen Formen zuschreiben, vorausgesetzt, dass es das aufrichtige Bestreben des Landtages war, den Forderungen der Krone und den billigen Ansprüchen der Nationalitäten gerecht zu werden.

Ist die Behauptung der Krone richtig, dass ihr Ansehen und ihre Macht durch die Gesetze des Jahres 1848 verletzt wurden, sind die Beschwerden Croatiens und Slavoniens begründet, muss sich durch die sofortige Wiederherstellung der Gesetze des Jahres 1848 eine der beiden Alternativen ergeben: entweder muss man alle Verletzungen, welche die Gesetze des Jahres 1848 herbeigeführt haben, bis zu dem Zeitpunkte, wo es möglich ist diese zu revidiren, aufrecht erhalten und fortwirken lassen, oder man muss im praktischen Leben die Anwendung der wiederhergestellten 1848er Gesetze bis zu erfolgter Revision vermeiden.

Die erstere Art ist kein passendes Mittel zur Erzielung eines Ausgleichs, während die zweite mit der Würde eines gesetzgebenden Körpers, der sich so einmüthig geäussert hat wie der letzte Landtag, nicht in Einklang zu bringen wäre.

Unsere Ansicht ist daher, eine Combination zu finden, wodurch einestheils die offene Anerkennung der Rechtscontinuität gesichert wird, anderntheils die Gesetze des Jahres 1848 revidirt würden, ohne neuerlich in's Leben gerufen zu werden. Die grosse Mehrheit der Nation wünscht nichts sehnlicher, als die Differenzen zwischen der Krone und dem Lande baldigst ausgeglichen zu sehen; wir glauben, dass diess nur zu erreichen wäre, wenn wir jede Gelegenheit ergreifen, welche uns zu diesem Ziele führen kann.

IX. Der einzuschlagende Weg.

Es gibt nur ein Mittel um zum Ziele zu gelangen, diess Mittel ist ein neuer Landtag; es wäre daher sehr wünschenswerth, wenn ein solcher in der Form des letzten Landtages möglichst bald einberufen würde.

Der Landtag sollte in derselben Art und Weise wie der letzte zusammenberufen werden, um der Rechtscontinuität zu entsprechen. Einen anderen Weg einschlagen, hiesse die Rechtscontinuität verläugnen.

Wir schlagen diess desshalb vor, weil die Krone schon beim letzten Male mit Zustimmung des Landes so vorgegangen ist; wir wollen jedoch damit nicht behaupten, dass das mangelhafte Wahlgesetz in Zukunft nicht revidirt werden solle. Es kann wohl keine gegründete Einwendung gegen diese Ansicht obwalten.

Andere sind wohl der Meinung, man solle die Mitglieder des aufgelösten Landtages wieder zusammen berufen. Wir theilen diese Ansicht nicht, denn die Würde der Krone fordert die Ausschreibung neuer Wahlen, da sie sich bei der Ausübung ihrer Hoheitsrechte nicht kann Schranken setzen lassen; anderntheils wären die früheren Abgeordneten ohne neuere Instructionen ihrer Committenten nicht in der Lage, von dem abzugehen, was sie einmal im Interesse des Landes für nothwendig erklärt haben.

Es unterliegt keinem Zweifel, dass die grosse Majorität der ungarischen Nation mit dem Könige sich versöhnen und mit den Umständen sich ehrlich abfinden will. Dieser Theil der Nation wünscht seine Forderungen zum Ausdruck zu bringen, und da eine neue Wahl die Wiederwahl der früheren Abgeordneten nicht ausschliesst, so müssen wir jener das Wort reden.

Was das Vorgehen auf dem Landtage selbst betrifft, halten wir die Ernennung von verantwortlichen Ministern für durchaus nicht nothwendig. Der ungarische Hofkanzler kann die königlichen Propositionen im Landtage ebenso gut wie ein verantwortlicher Minister auf den Tisch des Hauses legen, und dem Landtage bleibt das Recht gleichfalls vorbehalten, diese Regierungs-Vorlagen anzunehmen, zu modificiren oder zu verwerfen.

Die Umstände selbst machen die Ernennung eines verantwortlichen Ministers schon unmöglich, weil dieser Minister dadurch in die ganz eigenthümliche Lage gerathen würde Anträge zu stellen, die eine wesentliche Veränderung der Verfassung zum Ziele haben, wodurch derselbe Minister sich möglicherweise einer Anklage wegen Verfassungs-Verletzung nach §. 32 des III. Gesetzartikels vom J. 1848 aussetzen würde.

Es bliebe dem Minister in diesem Falle nichts übrig als seine Stelle niederzulegen; die Schwierigkeit wäre jedoch dadurch keineswegs behoben, da sich dieselbe seinem Nachfolger aus denselben Gründen wieder darbieten würde; die Verfassung könnte sonach gar nie revidirt werden, da weder der Hofkanzler, dessen Stelle als im Gesetze nicht begründet betrachtet wird, noch ein ungarischer Minister, dem das Gesetz jede Initiative zu Verfassungs-Aenderungen verbietet, einen auf Revision abzielenden Antrag einbringen könnten. Es wäre weit aufrichtiger einzugestehen, dass man in Ungarn eine Modification der Verfassung gar nicht zugeben will, statt mit ähnlicher Casuistik die Zeit zu vergeuden.

Wir müssen es ernstlich tadeln, dass der Regierung in Ungarn blos desshalb so viele Schwierigkeiten in den Weg gelegt werden, weil nichtungarische Minister an der Spitze der Verwaltung des Landes stehen. Im Jahre 1848 wurde die neue Verfassung zu einer Zeit gebracht, als noch der Hofkanzler dem Könige zur Seite stand; wesshalb sollte eine Verfassungs-Modification jetzt nicht einzuleiten sein, wo von der Hofkanzlei Alles aufgeboten wird, um die Selbstständigkeit und Unabhängigkeit des Landes zu sichern.

Wir wollen eine Aenderung von Ungarns Verfassung weder aus Rache noch aus Eigensinn; — die Rechte und die Pflichten Ungarns wurden auf dem Landtage des Jahres 1790 genau bestimmt; die Selbstständigkeit Ungarns, wie sie durch den 10. und 17. Gesetz-Artikel desselben Jahres bestimmt ward, dann die Verantwortlichkeit der Regierung im Sinne des §. 18 des Jahres 1790 dürften nach unserer Ansicht allen Anforderungen genügen.

Ein neuer Landtag könnte sich keine schönere Aufgabe stellen, als diese gesetzlichen Bestimmungen auszubilden und mit den Anforderungen der neuen Zeit in Einklang zu bringen.

Die Möglichkeit ist vorhanden, eine Combination zu finden, wodurch weder die Grossmachtstellung Oesterreichs gefährdet, noch die constitutionellen Rechte der Nationen jenseits der Leitha bedroht würden. Guter Wille oben und unten, mit Berücksichtigung billiger Wünsche in Wien wie in Ungarn, dürften dieses Ziel erreichbar machen.

X. Die Möglichkeit der Lösung.

Vor Allem müssen wir bekennen, dass es zwischen den österreichischen Erbländern und den Ländern der ungarischen Krone lange vor dem Entstehen der pragmatischen Sanction, und von dem Augenblicke an, wo der Beherrscher der österreichischen Erbländer zugleich König von Ungarn ward, gemeinsame Angelegenheiten gegeben hat, die durch die Annahme der pragmatischen Sanction so zu sagen nur mehr im Principe geregelt worden sind. Wir brauchen das Wesen der pragmatischen Sanction nicht näher zu erklären, da mehr denn ein Jahrhundert dieselbe schon erläutert hat. Eine theoretische Erörterung kann der Sache jetzt weder von Nutzen noch von Schaden sein, da es sich heute nicht darum handelt, ob eine Personal- oder eine Real-Union bestehen soll. Die Frage ist einfach diese: Kann Ungarn sich jenen Verpflichtungen entziehen, die es durch die pragmatische Sanction eingegangen? Diese Frage sollte eigentlich keine Frage mehr sein, da sie durch die Praxis längst entschieden ist und die pragmatische Sanction als die Grundlage des ungarischen Staatsrechtes betrachtet werden kann. Ungarn hat Oesterreich gegenüber Pflichten, und diesen Pflichten wird es sich auf normalem Wege nie entziehen können, wenn man auch die pragmatische Sanction nur „Personal-Union“ taufen will. Doch anderseits ist nicht zu läugnen, dass Ungarn durch die pragmatische Sanction theils neue Rechte erworben, theils frühere Rechte neuerlich bestätigt erhalten hat. Diese Rechte können weder von der Krone in Zweifel gezogen, noch durch irgend eine Revolution verwirkt, sondern nur im wechselseitigen Einvernehmen zwischen Land und Krone modificirt werden.

Und heute handelt es sich gerade um die Lösung der Frage, worin diese Modification bestehen söll. Im Jahre 1723 wurden die österreichischen Erbländer absolut regiert; es konnte demnach bei Entscheidung der Fragen von gemeinsamem Interesse eine formelle Schwierigkeit nicht leicht vorkommen, da der Wille des constitutionellen Königs von Ungarn in den übrigen Theilen des Reiches sofort zum Gesetze werden konnte. Doch seit dem 20. October hat sich dieses Verhältniss geändert, da nun auch die anderen Völker Oesterreichs das Recht haben, bei Entscheidung öffentlicher Angelegenheiten mitzusprechen. Es ist daher unumgänglich nothwendig, über die Art und Weise nachzudenken, in welcher zwischen beiden Theilen eine Vereinbarung erzielt werden könne, wenn Ungarn nicht will, dass sein König, der zugleich Beherrscher der übrigen Erbländer ist, fortwährend in Widerspruch mit sich selbst gerathe und bald da, bald dort die Interessen seiner Völker verletze. Will etwa Ungarn, dass neuerlich die absolute Regierungsform die Oberhand in Oesterreich gewinne? Diess kann es keinesfalls anstreben, da in der ungarischen Landtags-Adresse vom Jahre 1848 klar und deutlich ausgesprochen ist, dass die absolute Regierungsform in den österreichischen Erbländern der Entwickelung des constitutionellen Lebens in Ungarn zum grossen Nachtheile gereicht. Oder will sich Ungarn den Pflichten, die alle Theile des Reiches gleich treffen, etwa entziehen? Diess wäre wohl nicht leicht möglich, so lange der Kaiser von Oesterreich zugleich König von Ungarn ist; es könnte diess nur dann geschehen, wenn Ungarn Macht genug besässe, alle Bande zu zerreissen, welche es an Oesterreich knüpfen.

Vor Allem gehört in Ungarn guter und aufrichtiger Wille dazu, um die constitutionellen Regierungsformen diess- und jenseits der Leitha im Geiste der pragmatischen Sanction zur Wirklichkeit werden zu lassen. Wenn die Mittel, um zu diesem Zwecke zu gelangen, auch verschieden sind, müssen wir doch im Principe anerkennen, dass diese Mittel nicht zu umgehen seien. Die Quelle aller Schwierigkeiten liegt darin, dass man zur Zeit der Entstehung der pragmatischen Sanction nie daran gedacht hat, die österreichischen Erbländer gleich Ungarn constitutionell zu regieren.

Es wird nur dann gelingen, eine Combination zu finden, welche die obschwebenden Schwierigkeiten zur allgemeinen Befriedigung zu lösen vermag, wenn die Ungarn die Situation nicht allein von dem specifisch magyarischen, sondern von dem europäischen Standpunkte auffassen und beurtheilen; wenn sie in der Verbindung mit Oesterreich eine europäische Nothwendigkeit und nicht das Ergebniss des Zufalles, sowie die Wahrheit dessen erkennen, dass ihre nationale Existenz nur durch Verbleiben bei Oesterreich gesichert sein könne; wenn sie die Wahrung und Pflege der Nationalität und Ausbeutung der materiellen Vortheile, die der Anschluss an Oesterreich gewährt, sich zur Aufgabe machen. Doch eine solche Combination kann aus dem 3. Gesetz-Artikel vom Jahre 1848 nie hergeleitet werden. Allerdings gibt es Ungarn, die mit aller Aufrichtigkeit sich dem Glauben hingeben, dass die Gesetze des Jahres 1848 weder die Krone verletzen, noch der constitutionellen Regierungsform in den übrigen Theilen des Landes hinderlich sind. Hiebei wird nur ein Umstand vergessen, der doch von der grössten Wichtigkeit ist, der Umstand nämlich, dass der König von Ungarn zugleich Kaiser von Oesterreich ist. Wenn hierauf nicht Bedacht genommen wird, dann freilich ist kein Grund vorhanden, die Beziehungen zwischen Oesterreich und Ungarn in derselben Weise wie z. B. zwischen Oesterreich und Preussen zu regeln. Durch die pragmatische Sanction haben sich im Laufe der Jahre solche Verhältnisse und Wechselbeziehungen entwickelt, wie diese zwischen unabhängigen Staaten nie bestehen. Wenn uns ein Vergleich erlaubt ist, wollen wir das Verhältniss Oesterreichs zu Ungarn und umgekehrt wie eine Ehe betrachten, die nur durch den Tod gelöst werden kann. Wir wollen nicht so weit gehen, denn der grösste Theil der Nation wünscht durch aus keine Trennung von Oesterreich, obwohl diess Viele weder glauben noch begreifen.

Wir fragen, welchen Vortheil würde die ungarische Nation aus einer Trennung von Oesterreich ziehen? da die grosse Mehrzahl des Volkes allen entgegengesetzten Einflüssen zum Trotze dennoch eine grosse Anhänglichkeit an das Herrscherhaus an den Tag legt. Was die Ungarn erreichen könnten, wäre ein Herabsinken zu einem kleinen und unbedeutenden Staate, der ohne feste Stütze bald in fortwährenden Kampf mit den verschiedenen in diesem Augenblicke emporstrebenden Nationalitäten des Landes gerathen würde. Wir leben der Ueberzeugung, dass die specifisch ungarische Nationalität bei einem engen Anschluss an Oesterreich gewahrt ist und sich entwickeln kann, vorausgesetzt, dass die Ungarn die Situation richtig auffassen und gegen die anderen Nationen billig zu sein verstehen.

Nicht die Grundrechte des Landes erschweren den Ausgleich; diese Schwierigkeit wird durch die Erinnerungen an die letzten Jahre und durch Hoffnungen erhöht, zu denen die dermalige Lage Europas eine Aufmunterung bietet. Wir durchschauen die Verhältnisse und glauben daher der Hoffnung nicht entsagen zu müssen, dass Ungarn mit den übrigen Erbländern einen Bund schliessen werde, der für alle Theile gleich segensreich, Ungarns Selbstständigkeit und Unabhängigkeit in keiner Weise gefährdet. Eines muss jedoch anerkannt werden, und dieses erfordert kein Opfer: Die österreichische Regierung vergesse nie, dass Ungarn nicht ein ergänzender, sondern der weitaus grössere Theil der Monarchie ist, woraus für Oesterreich die Pflicht erwächst, Ungarn zu beruhigen.

Gelingt es auch den Ungarn nicht, die Regierung des Kaisers zu stürzen, so sind sie doch immerhin in der Lage, die Regierungsgewalt dergestalt zu lähmen, dass Oesterreichs Grossmachtstellung wesentlich gefährdet werden könnte. Die ungarischen Patrioten mögen nicht vergessen, dass Oesterreichs Bestand eine europäische Nothwendigkeit ist und dass die Regierung des Kaisers, wenn auch nicht so mächtig als sie es sein könnte, immerhin noch Kraft genug besitzt, Bestrebungen zu vereiteln, die nur mit Hilfe einer Invasion zu verwirklichen wären. Wir geben uns nicht der Hoffnung hin Jene zu bekehren, die von der Emigration oder einer anderen Hilfe des Auslandes die bessere Zukunft des Landes erwarten, denn diese jagen nach einem unbekannten Etwas und suchen des Landes Glück, wo wir es nie finden können.

Wir verdammen jede Politik, die nicht die ungarische Nationalität und die alte Verfassung zur Grundlage hat. Wir wollen auf dem gebahnten Wege vorwärts schreiten und keiner Verlockung, sie möge noch so günstig scheinen, Gehör schenken; die Ungarn mögen nach keiner Zukunft jagen, die sie nur der Gnade Anderer und nicht ihren eigenen Bemühungen zu danken hätten. Die Geschichte möge ihnen lehren, was Völker und Nationen von der Gnade Mächtiger zu erwarten haben. Polen diene ihnen zum Beispiele. Wohin ist Polen trotz des Patriotismus der ganzen Nation gelangt? Und was geschieht in Italien? wo, wie in Polen, nur Eine Nationalität und Eine Religion ist, die sich eines mächtigen Schutzes von Aussen erfreuen?

Napoleon III. befolgt dieselbe Politik wie sein Oheim: er schmeichelt den fremden Nationen und erweckt in ihnen Hoffnungen, bis er durch dieses Mittel seine Zwecke erreicht hat; dann hat auch sein Schutz ein Ende. Zu Anfang dieses Jahrhunderts sahen wir diess in Polen, heute sehen wir es in Italien. Viele sind der Ansicht, Italiens Einheit sei bereits eine vollbrachte Thatsache; wir glauben, dass jeder weitere Versuch grosse Opfer an Geld und Leben kosten werde. Bürgerkriege werden das schöne Land verwüsten, bis die Stunden der Enttäuschung eintreten und Millionen dem Urheber so vielen Unglückes fluchen werden. Italiens Einheit wird die Grenzen nicht überschreiten, die ihm der Einfluss der natürlichen Verhältnisse anweiset.

Wir wünschen eine dauernde Versöhnung. Hiezu können wir aber nur auf friedlichem Wege gelangen. Diesen Weg müssen wir einhalten und hoffen, dass wir durch die Unterstützung vieler Patrioten das Ziel erreichen werden.

XI. Die Nothwendigkeit einer Discussion über die anzunehmende Regierungsform.

Es folgt aus Allem, was wir gesagt, dass die Nation, will sie sich nicht einer ungewissen Zukunft in die Arme werfen oder von der Actionspartei hinreissen lassen, nicht ferner unthätig bleiben könne. Wie wir bereits erwähnt, ist die Quelle der Fehler und Irrungen des letzten Jahres jene künstlich erhaltene Einmüthigkeit, die seit dem 20. October 1860 als sogenannte öffentliche Meinung der Nation im ganzen Lande eine so dictatorische Rolle gespielt hat.

Allerdings gab es eine öffentliche Meinung, und wir vertrauen dem Patriotismus, dass sie auch heute noch besteht und für immer bestehen wird; doch muss diese Meinung auch gekannt sein. Wir Alle sind darüber einig, dass Ungarns Integrität, sowie seine gesetzliche Selbstständigkeit und Unabhängigkeit gewahrt sein müssen; ebenso kann eine Meinungsverschiedenheit darüber nicht bestehen, dass die verschiedenen Nationalitäten des Landes befriediget werden sollen und ihren theils billigen, theils gesetzlichen Ansprüchen genügt werden müsse. Doch wir zweifeln daran, dass diess ohne sofortige Wiederherstellung der Verfassung des Jahres 1848 nicht geschehen könnte. Wir müssen bezweifeln, dass es wirklich eine öffentliche Meinung gibt, die dem Landtage verbietet, auf irgend eine Verhandlung einzugehen, ehe der Form nachgekommen worden, in der die Verhandlungen geführt werden sollen. Es mag diess der Wunsch eines Theiles der Ungarn sein, doch wir müssen durchaus in Abrede stellen, dass diess im Sinne der ganzen Nation liege. Wir geben zu, dass diess die officielle Meinung der Municipalitäten gewesen, bei welcher auch der Landtag stehen geblieben; jedoch nehmen wir uns die Freiheit zu bezweifeln, dass diess der Ausdruck der öffentlichen Meinung des Landes sei.

War es etwa der Wunsch der öffentlichen Meinung, das Recht der Selbstverwaltung, dieses Palladium des ungarischen Verfassungslebens, durch die Artikel III und XVI vom Jahre 1848 zu vernichten? Das Gegentheil hievon haben die Comitate selbst bewiesen, indem sie sich Rechte arrogirten, die ihnen nach den Gesetzen vom Jahre 1848, welche sie so heiss zurückverlangten, nicht mehr zukommen.

Kann die öffentliche Meinung des Landes eine Bestimmung wie die des XVI. Artikels billigen, welche die Ausübung gewisser Rechte in den Comitaten an gar keine Qualification bindet? Auf diese Weise kann es geschehen, dass in diesem oder jenem Comitate Herr N. N., Besitzer eines Grundcomplexes von 30.000 Joch, nur desshalb nicht Mitglied der Comitats-Commission sein kann, weil er nicht für einen Freund des ministeriellen Parlamentarismus gilt. Ist ein solcher Zustand auch nur vorübergehend, ist es doch nicht möglich, dass ein gesunder und vernünftiger Gemeinsinn ihn für haltbar erachte. Gehen wir weiter. Es wurde aller Welt glauben gemacht, das Volk Ungarns verlange die Verfassung von 1848 in ihrer ganzen Ausdehnung. Des Volkes Stimme, hiess es, sei Gottes Stimme. Hierbei wurde vergessen, dass der §. 33 des XXII. Gesetz-Artikels vom Jahre 1848 die Aufrechthaltung des Staates der Ehre aller Bürger des Landes anvertraut und sie hierdurch zu bewaffneten Hütern „der neuen Verfassung“ eingesetzt hat. Diese gesetzliche Bestimmung hat aber dazu geführt, dass sehr Viele im Jahre 1848 ebenso wie vor dem letzten Landtage sich blos desshalb scheuten als Wähler eingetragen zu werden, um nicht Militär- oder Nationalgardedienste leisten oder wie unter Kossuth gegen den König in's Feld ziehen zu müssen. Diess sind Thatsachen, die im ganzen Lande vorgekommen sind und von Niemand geläugnet werden können. Es ist vergebens, Jene, die diese Thatsachen behaupten, Reactionäre oder Landesverräther zu schelten. Es schadet diess zumeist den Verfassungsfreunden des Jahres 1848, denn es beweist, dass das ganze Volk reactionär ist.

Soll die Verfassung in ihrer Gesammtheit hergestellt werden, muss diess auch mit dem §. 22 geschehen; oder will man das Eine herstellen und das Andere nicht? Man hat vergessen, dass eben dieser 22. Paragraph für so dringend gehalten worden war, dass die Conscribirung der Nationalgarden den Comitats-Commissären aufgetragen wurde, ohne die General-Versammlungen abzuwarten. Es wäre nicht übel, das neue Verfassungsleben wieder damit zu beginnen. Zur Vertheidigung der Verfassung des Jahres 1848 müsste vor Allem der §. 22 in's Leben gerufen werden. Wir wollen damit nichts gegen den inneren Werth der

Gesetze des Jahres 1848 gesagt haben, sondern blos beweisen, dass die allgemeine Meinung des Landes dieser Verfassung nicht immer günstig war, und dass die Revision derselben nicht nur möglich, sondern zur Vermeidung vieler Missverständnisse sogar nothwendig ist.

Wir haben §. 22 desshalb hier angeführt, weil der Landtag ohne Gewaltanwendung denselben nie zur Ausführung bringen könnte. Der Landtag oder vielmehr das Volk selbst müsste hier eine Verfassungs-Revision verlangen. Da diess nun einmal der Fall, können wir nicht einsehen, wesshalb es der Krone, diesem bei der Gesetzgebung so wesentlich mitwirkenden Theile, verwehrt sein solle, gleichfalls die vorhergehende Revision eines Gesetz-Artikels, z. B. des Artikels III zu verlangen.

Möglich, dass eine solche Verfassungs-Revision, von welcher Seite sie immer beantragt wird, nicht durchdringt; ihr Gelingen ist aber auch möglich; jedenfalls bringt es Ungarn keine Gefahr, wenn die Revision vor der Krönung stattfindet. Hätte der Landtag in die Verfassungs-Revision gewilligt, nachdem er den zehnjährigen Leiden des Landes Ausdruck geliehen, hätten gewiss voriges Jahr die Verhandlungen über das Inaugural-Diplom begonnen.

Negation, Verwahrung und passiver Widerstand sind in diesem Augenblick abgenützte Waffen; jeder Patriot nehme seinen Platz dort ein, wo seine Einsicht und seine männliche Ueberzeugung ihn hinrufen. Vaterlandsliebe sei das Banner, um welches Alle sich schaaren sollen. Es ist möglich, dass sie von Manchem gleichfalls als Landesverräther geächtet werden, doch ist diess heute eine leere Phrase, die nur die Heiterkeit von ganz Europa erregt.

Es gibt Leute, die unter der Meinungsfreiheit nur das verstehen, andere Menschen durch Terrorismus und Kühnheit entweder für sich zu gewinnen oder zum Schweigen zu bringen. Diess nennen wir Tyrannei, nicht Freiheit. Solche Terroristen haben auch gewöhnlich ihre Rolle ausgespielt, sobald ihnen mit männlicher Entschiedenheit entgegengetreten wird. Freiheit gibt es nur für diese Terroristen, weil sie eben ungehindert thun und treiben können was ihnen beliebt; so war es im Jahre 1848 und im Jahre 1861. Wir wünschen nichts sehnlicher, als dass das Schicksal des Vaterlandes in einer Weise entschieden werde, die der öffentlichen Meinung Rechnung trägt, jedoch einer öffentlichen Meinung, die der treue Dolmetsch der Wünsche und Hoffnungen des Landes ist. Diess ist nur zu erreichen, wenn Jeder seinen Platz nach seiner Ueberzeugung einnimmt und sich jedem fremden Einfluss zu entziehen weiss.

Ohne Parteien ist ein constitutioneller Staat gar nicht denkbar; diese Parteien bestehen heute gerade so wie im Jahre 1848. Oder sollen die Beschlüsse des letzten Landtages, die Niemand befriedigt haben und mit denen nichts erreicht ward, dadurch, dass sie mit Stimmeneinhelligkeit gefasst worden, beweisen, dass in Ungarn keine Parteien bestehen?

Es wäre traurig, wenn diese Einmüthigkeit der Gesinnung, wodurch die öffentlichen Angelegenheiten nur überstürzt werden, keine erkünstelte, sondern der wahre Ausdruck der allgemeinen Meinung in Ungarn wäre; zum Glück ist dem nicht so; leider haben jedoch die Männer, die eine Verständigung aufrichtig anstreben, nicht den Muth aufzutreten; ihrer friedfertigen Natur nachgebend, räumen sie das Feld ihren Gegnern ein, die diese Schwäche zu ihrem Vortheile zu benützen verstehen. Die Einhelligkeit, wie sie auf dem Landtage geherrscht, ist kein Beweis dafür, dass im Lande keine Partei- oder Meinungsverschiedenheit bestanden; wer die Verhältnisse näher kennt, muss zugeben, dass zwischen den Anhängern der Adresse und der Beschlusspartei ein grosser und bedeutender principieller Unterschied obwaltet.

Welche Umstände waren der Entwickelung und Gruppirung der Parteien in Ungarn hinderlich? Wir können den Grund davon wohl darin finden, dass keine Partei sich genug mächtig gefühlt habe, um offen ihr Haupt zu erheben. Wir empfehlen Jenen, die der Ansicht sind, es habe durchgehends nie dagewesene Einmüthigkeit der Gesinnung auf dem Landtage die Oberhand gehabt, die Rede des Tavernicus, wobei wir nur unserem lebhaften Bedauern Ausdruck geben müssen, dass diese Rede in der letzten, statt in der ersten Sitzung gehalten ward.

Hier die Worte des Herrn v. Majláth. Nach einer kurzen Einleitung, worin die Irrthümer, in welche die Regierung in den letzten Jahren verfallen, beleuchtet und die Fehler, welche sie begangen, hervorgehoben werden, hat der Tavernicus unter gespannter Aufmerksamkeit der ganzen Versammlung folgende Worte gesprochen: „Wenn Ungarn von dem gesetzlichen Wege abweicht, wenn es Trennungsgebilden nachjagt, statt die Rechte, die ihm gebühren, zu beanspruchen; wenn es unterlässt, diese Rechte mit den Forderungen der Zeit und der Macht der Verhältnisse in Einklang zu bringen: ist es immerhin möglich, dass abermals ein grosses und mächtiges Reich auf dem Boden, der jetzt den Ungarn gehört, entsteht, aber Ungarn wird dieses Land gewiss nicht heissen; es wird nicht mehr das Land sein, wie es Stephan der Heilige geschaffen, die Ahnen mit ihrem Blute erkauft, mit ihrem Verstande erhalten haben."

Diese Rede hat deutlich genug gezeigt, dass auf dem Landtag eine Meinungsverschiedenheit bestanden, wenn diese auch nicht zum Ausdruck gelangt ist. Wir müssen diess lebhaft beklagen, da es auf diese Weise geschah, dass die Meinung der Mehrzahl der Bewohner

Ungarns keinen Ausdruck erhalten hat. Die ungarischen Wirren werden nie eine Lösung erfahren, so lange die Conservations-Elemente, die im Lande vorhanden sind, mit der Actionspartei in gutem Einvernehmen zu sein heucheln, obgleich diess nie und nimmer wahr ist, da die Grundsätze Jener, die nur an der Erhaltung des Bestehenden Interesse haben, mit den Grundsätzen Dieser, die nur nach Umsturz streben, weder im Einklang sind, noch versöhnt werden können. Nie werden wir es begreifen, wie Joseph Ürmény und Paul Nyáry die gleichen Ansichten theilen können; wäre dieses auf dem künftigen Landtage abermals der Fall, wird auch dieser das Schicksal seines Vorgängers erfahren müssen. Soviel ist gewiss, dass die Mehrheit des Landes für die Autonomie der Comitate eingenommen ist; diese Meinung theilt auch der „Pesti Hirnök"; und dennoch wird die parlamentarische Centralisation im Sinne der Gesetze vom Jahre 1848 stürmisch verlangt. Da nun diese beiden Regierungsformen mit einander unvereinbar sind, ist es unumgänglich nothwendig, diesen Gegenstand zu erörtern, damit das Land nicht abermals durch den Reiz, den das Jahr 1848 noch heute ausübt, verleitet werde, das Schicksal des Vaterlandes dem Zufalle Preis zu geben. Wir müssen hier die Aufmerksamkeit der ungarischen Nation auf einen Gegenstand lenken, der uns tief betrübt. Diejenigen Patrioten, welche die ministerielle Regierungsform für Ungarn ohne Hintergedanken für nützlich halten, sind gewiss der Ueberzeugung, dass es die Pflicht und die Aufgabe des nächsten Landtages sei, die Regierung über die Besorgnisse zu beruhigen, die der III. Gesetz-Artikel vom Jahre 1848 in ihr erweckt hat. Anderseits ist es wohl bekannt, dass die Gesetze vom Jahre 1848 auch solche Bestimmungen enthalten, die selbst der grossen Mehrheit der ungarischen Nation keineswegs Beruhigung gewähren können. Eine solche Bestimmung enthält der XVI. Gesetz-Artikel, der die Comitate für Schutzwälle der Verfassung erklärt. Viele zweifeln, dass dieser Wall mit der parlamentarischen Centralisation vereinbar sei.

Parlamentarische Centralisation oder Comitats-Autonomie ist die Alternative, eine von beiden muss das Feld räumen; siegt die erstere, wird die letztere bald zur Ruine, die uns an vergangene Zeiten erinnert. Entweder wissen diess die Volksvertreter, oder sie verdienen das Vertrauen nicht, mit dem die Nation sie beehrt. Dass sie es jedoch ebenso gut wie wir wissen, davon sind wir vollkommen überzeugt. Doch sie schweigen, um nicht ihre Begriffe über Beglückung des Vaterlandes zu verdächtigen; sie schweigen, weil sie wissen, dass diese Begriffe nur durch eine Ueberrumpelung des Landes zur Wahrheit werden können. Wir wollen annehmen, dass Viele es aufrichtig meinen, wenn sie das Land durch parlamentarische Centralisation einer glücklichen

Zukunft entgegen zu führen hoffen. Nur Schade, dass die ungarische Nation keineswegs der Ansicht ist, auf diesem Wege einer glücklichen Zukunft entgegen zu gehen. Wozu diese Täuschung? oder wenn es keine Täuschung ist, wesshalb trachten nicht die Kämpen für Freiheit und Unabhängigkeit, unsere Besorgnisse zu zerstreuen? Wir bitten sie, uns diesen Trost zu gewähren; wir geloben ihren Geboten folgsam zu sein, sobald sie die Vereinbarkeit dieser beiden Regierungsformen nicht nur behaupten, sondern auch den Beweis liefern, dass ihre Behauptung richtig sei. Erfahrung, Verschiedenheit der Begriffe und gesunder Menschenverstand sind aber die Elemente, welche für unsere Auffassung in die Schranken treten.

„Pesti Napló" hat es über sich gebracht, mit Berufung auf Franz Deák und seine Minister-Collegen bei der Ansicht zu verharren, dass diese beiden Regierungsformen mit einander vereinbar sind. „Pesti Napló" behauptet mit grosser Ostentation, dass Deák und seine Collegen nie gegen die Comitats-Verwaltung Beschwerde geführt haben. „Pesti Napló" hält es, um alle Welt zu überzeugen, für genügend, wenn er diese Behauptung mit gesperrter Schrift druckt. Doch wir glauben nicht Alles, was „Pesti Napló" sagt, weil es im „Pesti Napló" zu lesen ist; wir glauben gar nicht an die verschiedenen Kriege, die der ausgezeichnete Diplomat (?) Dr. Falk in seinen Correspondenzen prophezeit, ebenso wenig glauben wir die Kunde, die „Pesti Napló," „Sajtó," „Magyarország" oder „Jövő" von Waffenankäufen erzählen, welche die Turiner Regierung für Ungarn gemacht haben soll. Wir glauben diess desshalb nicht, weil wir uns die Mühe genommen haben, die Nummern des „Közlöny" vom Jahre 1848 durchzublättern, wobei wir eine Nummer fanden, die einen Bericht aus dem damaligen Abgeordnetenhause in Pest enthielt, wodurch das Gegentheil von „Napló's" Behauptungen bewiesen wird. Der Minister Franz Deák hat nämlich bei Gelegenheit einer Debatte die Aeusserung gethan, es seien Fälle vorgekommen, dass das Ministerium in administrativen Fragen Verfügungen erlassen habe, die von den autonomen Comitaten mit einer Rüge zurückgewiesen worden sind. „Es dürfte der Moment kommen," sagte Deák weiter, „wo das Ministerium sich gezwungen sehen wird, dem Hause einen Gesetzentwurf vorzulegen, damit den Municipien für die Zukunft das Recht benommen werde, gegenüber den Befehlen des Ministeriums sich auf ihre Autonomie zu berufen." (Siehe Nr. 32 des „Közlöny.") Diess dürfte deutlich genug beweisen, dass die Autonomie der Comitate mit der Centralisation, wie sie eine ministerielle Regierung verlangt, unvereinbar ist.

Die Regierung muss stark und mächtig sein; wir theilen daher vollkommen die Ansicht, dass jede Regierung die Ausschreitungen der

Comitate in die gebührenden Schranken zurückzuweisen das Recht haben muss.

Seit dem Jahre 1790 sind über diese Frage schon manche Entwürfe ausgearbeitet worden; doch keiner derselben spricht von Centralisation der Regierungsgewalt.

Entweder sind die beiden Regierungsformen, die wir soeben besprochen, mit einander unvereinbar, oder dem autonomen Wirkungskreise der Comitate bleibt kein anderes Recht übrig, als sich zu versammeln, um die Beschlüsse des Ministeriums zu publiciren und Rechte auszuüben, die durch eine Gemeinde-Ordnung dem Comitate zugewiesen sind. Die das Gegentheil von dem eben Angeführten behaupten, haben entweder keinen Begriff von dem, was sie behaupten, oder sie treiben ein böses Spiel mit Jenen, die zu geistesschwach sind, um ihre Tendenzen zu durchschauen. Viel aufrichtiger als die dermaligen Führer des „Pesti Napló" war ein gewisser Herr Halbschuh, ungarisch Irányi, Mitglied des Landtages vom Jahre 1848; da er bei dieser Discussion Folgendes sagte: „Ich will, dass die Municipien ihre dermalige Wirksamkeit einstellen und neben der parlamentarischen Regierung blos eine Gemeinde-Ordnung bestehe; indem es nur Selbsttäuschung ist, eine municipale Regierung mit einer verantwortlichen Regierungsform in Einklang zu bringen." Wir wissen nicht, was aus diesem grossen Manne geworden; falls er noch lebt, ersuchen wir ihn, seine Stimme vernehmen zu lassen. Friede seiner Asche, wenn er nicht mehr unter den Lebenden ist. Wir müssen ihm den Nachruf widmen, dass er die aufrichtige Verkündung einer Wahrheit mit sich in's Grab genommen habe — einer Wahrheit, die vielleicht ein politisches Geheimniss hätte bleiben sollen. Wäre Irányi nicht mehr unter uns, um als Mann von Ehre das zu wiederholen, was er Angesichts des Landtages gesprochen, so glauben wir uns mit dieser Frage an einen anderen Freund des Vaterlandes wenden zu dürfen, an einen Freund, der um jeden Preis eine Rolle spielen will. Er erkläre uns frei und offen, ob er Centralist oder Autonomist ist. Diejenigen, welche sich der Debatten im Pester Comitate vor dem Jahre 1848 erinnern, werden uns beistimmen, dass das Pester Comitat seine Autonomie weit über die gesetzlichen Grenzen ausgeübt habe, indem kaum der Landtag mit ihm wetteifern konnte. So hat unter Anderen Paul Nyáry die Abänderung des Gerichtswesens als gleichfalls zum Wirkungskreise der Comitate gehörig bezeichnet, und damit bewiesen, dass die Comitate allerdings die Wälle der Verfassung sind, denn eine Behörde, in deren Befugniss es liegt, Gesetze zu bringen, bedarf keines anderen gesetzgebenden Körpers.

Als am 20. October der Wirkungskreis der Comitate wieder in's Leben getreten ist, hat abermals Paul Nyáry an der Spitze des Pester Comitates den Ton angegeben; er war einer der ersten, der sein Banner für die Gesetze des Jahres 1848 erhoben; ja, bis zum Moment, wo die Comitats-Commissionen und die constitutionellen Functionäre sich zurückgezogen, gingen fast alle das Vaterland beglückenden (?) Anträge von dem Pester Comitate aus. Viele ahmen Paul Nyáry nach, wenn sie diese beiden Regierungsformen vereinbar finden.

Die Jahre 1847 und 1861 geben auch ein unzweideutiges Zeugniss von der eisernen Consequenz seines politischen Charakters (?!). Man sollte glauben, Paul Nyáry, als Führer der ministeriellen Regierungspartei, für deren Wiederherstellung er eingenommen ist, werde andererseits auch seiner eigenen Vergangenheit nicht untreu werden und die Comitats-Autonomie unter seinen mächtigen Schutz nehmen, da Niemand annehmen darf, Paul Nyáry würde diese Regierungsform, die er so hoch hält, angreifen, nachdem es ihm blos durch sie möglich geworden war, den Ton im Lande anzugeben.

Wir haben uns getäuscht, denn wir lesen hierüber in Nr. 32 des „Közlöny" folgende Worte, die Paul Nyáry in den landtäglichen Discussionen vom J. 1848 gesprochen hat: „Der Begriff eines verantwortlichen Ministeriums bringt es mit sich, dass alle Welt verantwortlich sei. Gott sei Dank, wir haben der Allmacht der Comitate schon den Fuss auf den Nacken gesetzt." Und solche Führer wollen der Nation glauben machen, die Autonomie werde neben der ministeriellen Centralisation der Comitate bestehen können? Soll die Nation solchen Führern Vertrauen schenken? Bei der Regierungsform, wie sie bis zum Jahre 1847 bestanden, hätte Paul Nyáry vielleicht Statthaltereirath oder Beisitzer der königl. Tafel, und nie Hofkanzler werden können. Diese Stellen hätten weder seinen Ehrgeiz befriedigt, noch ihm Gelegenheit geboten, das Vaterland in seiner Weise glücklich zu machen. Da er aber um jeden Preis regieren wollte, warf er sich in die Arme der Opposition, und nun war nach seiner Auffassung den Comitaten Alles erlaubt. Im Jahre 1848 hat wenig gefehlt, und Nyáry wäre Minister des Inneren geworden; Kossuth und einige seiner Collegen haben sich sogar bei ihm entschuldigt, dass er es nicht geworden. Da jedoch Herr Nyáry noch immer gehofft hat, Minister zu werden, ging er den Comitaten ernstlich zu Leibe, damit sie sich nicht etwa beikommen lassen, ihm zu opponiren und am ruhigen Regieren zu hindern. Im Jahre 1861 musste abermals opponirt werden, und hiezu fühlte er sich als Parteiführer und geborner Minister berufen; nur that er diess mit Beihilfe derselben Comitate, denen er im Jahre 1848 den Fuss auf den Nacken gesetzt. Diess zeigt wohl von keiner grossen Consequenz, doch wusste Nyáry immerhin was er that, obgleich der sonst gut geleitete „Sörgöny", dem es dennoch nicht immer gelingt, sich zu orientiren, in der Politik Consequenz für Thorheit hält.

Diess die komische Seite der Sache; doch hat dieselbe auch eine ernste, denn es kann kein grösseres Verbrechen gegen das Vaterland geben, als die Nation über die Grundzüge der Verfassung auf Irrwege zu leiten, sie eine Grundlage annehmen zu lassen, die sie vielleicht nur bedingt anzunehmen bereit wäre. Kann man wohl hoffen, dass eine Regierung Bestand haben könne, die auf diese Art eingesetzt würde? Mit welchem Rechte kann man die Nation zwingen, etwas anzunehmen, was sie gewiss nicht anzunehmen Willens wäre, sobald sie über die Sachlage gehörig unterrichtet wird? Oder glaubt man, dass einfache Behauptungen schon als Beweise dienen können? Hiezu gehört eine andere Vergangenheit als die Herrn Nyáry's. Wir zweifeln nicht an dem Patriotismus seiner Gesinnungsgenossen; doch müssen wir es in Abrede stellen, dass ihre Politik eine glückliche sei, wie diess auch das Jahr 1848 bereits bewiesen hat. Die grossen Patrioten Ungarns verlangen heute mit Ungestüm nur dasjenige, dessen die Nation während der letzten zwölf Jahre theilhaftig ward; gleich Bach sind diese Patrioten Freunde des Absolutismus. Der Unterschied liegt blos darin, dass Bach mit einigen seiner Freunde über das Kaiserreich und die Krone gewaltet, während die ungarischen Patrioten sich von einigen hundert ihrer Gesinnungsgenossen umgeben und über die Länder der Krone des heil. Stephan herrschen wollen. Letzteres ist der Brennpunkt der parlamentarisch - centralisirten Repräsentativ-Regierung mit verantwortlichen Ministern in Ungarn.

Kann es der Nation als Garantie dienen, dass sie ihre Vertreter frei wählen kann? und haben die ungarischen Minister nicht die Majorität im Parlamente (obgleich ihnen hiezu manche Mittel in der Hand liegen), müssten sie diess ihrer eigenen Ungeschicklichkeit zuschreiben. Wenn uns jedoch der Einwand gemacht wird, eine patriotische Regierung könne nie die Hebel, welche ihr in die Hand gegeben sind, gegen die Nation, die sie zu regieren berufen ist, anwenden, können wir nur erwidern, dass diess allerdings so sein sollte, die Erfahrung jedoch das Gegentheil lehrt.

Die Ungarn werden gewiss den Patriotismus nicht weiter treiben wollen als englische Minister, wo Whigs und Tories Alles aufbieten, um die Wahl ihrer politischen Freunde durchzusetzen.

Wir leben der Ueberzeugung, die ministerielle Regierungsform werde in Ungarn eingeführt werden, sobald über die gemeinsamen Angelegenheiten ein Ausgleich zu Stande kommt, da es bei weitem leichter ist auf 6 oder 9 Minister entschiedenen Einfluss zu üben (um so mehr, da diese Minister Alles aufbieten würden, um sich in ihrer Stellung zu erhalten), als auf eine grosse Anzahl von Municipalitäten, hinter denen tausende von Personen stehen. Wir wollen mit gleicher Entschiedenheit gegen unten und oben kämpfen, da wir bei aller Ehrfurcht für die Rechte der Krone die Rechte des Landes nicht opfern wollen; diese wären bei weitem besser gewahrt durch tausende von Patrioten, die bei dem Municipalsystem auf die Regierung von Einfluss sind, als durch dreihundert und einige Abgeordnete, denen bei der ministeriellen Centralisation die gesetzgebende Gewalt überantwortet ist. Wir sind Anhänger der Selbstregierung, wir kennen die Schwierigkeiten, welche die Volksrepräsentation den Municipien entgegenstellt, so wie jene, die einer corporativen Regierung aus den heutigen Verhältnissen erwachsen; doch halten wir sie für besiegbar. Die Municipalbehörden müssen geregelt werden, da sie einer verfassungsmässigen Regierung nicht hinderlich sein dürfen; die Regierung hingegen muss so eingerichtet sein, dass deren Träger im Falle einer Verfassungsverletzung zur Verantwortung gezogen werden können. Wir müssen beide Systeme vor den Augen der Nation entfalten.

Dann, nur dann wird es möglich sein, dass wir uns ralliren, wenn Jeder den ihm gebührenden Platz einnimmt. Mit Freuden begrüssen wir den „Jövő", doch wünschen wir ihm nicht Glück zu seinem Unternehmen; wir hoffen, dass Gott und der gesunde Sinn der Nation von Ungarn eine so traurige Zukunft abwenden werden wie „Jövő" sie in Aussicht stellt.

Wir freuen uns zu wissen, wo unsere Feinde zu finden sind; wir freuen uns dessen, dass das Auftreten des „Jövő" in Ungarn schon Viele dazu bestimmt hat sich gegen seine Tendenzen zu erklären. Es soll uns diess zum Beispiel dienen, um uns mit unseren Gesinnungsgenossen zu verbünden. Oder sollte es uns verwehrt sein die Stimme zu erheben, wenn wir die Ungarn ermahnen, die Zwecke, die sie verfolgen, einer ernsten, ruhigen und gründlichen Kritik zu unterziehen? Kann es als Verbrechen angesehen werden, wenn wir die Ungarn darauf aufmerksam machen, dass es weit besser wäre, sich mit dem König und den übrigen Völkern des Kaiserstaates zu versöhnen, als einer unbestimmten Zukunft nachzujagen?

Wir wollen Niemand verdächtigen, wir greifen nur Principien, nicht Personen an; doch glauben wir vollkommen berechtigt zu sein, wenn wir von Vaterlandsliebe getrieben denjenigen Weg einschlagen, der unserer Ansicht nach am sichersten zur Rettung Ungarns führt. Wir wollen weder das Jahr 1848 noch das Jahr 1847 zum Wahlspruch nehmen; in Ungarn heute eine Regierungsform einführen wollen, wie diese in dem einen oder dem anderen dieser Jahre bestanden, wäre eitler Wahn, da die alte ungarische Verfassung ebenso wie die Verfassung vom Jahre 1848 mit der dermaligen Situation und den veränderten Verhältnissen in Einklang gebracht werden muss.

Jene, die die Verfassung vom Jahre 1848 verlangen, kann man füglich als Parteigänger für das parlamentarische System betrachten, während die, welche sich das Jahr 1847 zum Wahlspruch nehmen, nur Autonomisten sein können.

Das Resumé dessen, was wir soeben gesagt, ist, dass in Ungarn eine parlamentarische Regierungsform und ein verantwortliches Ministerium mit der unveränderlichen Situation, wie sie die pragmatische Sanction begrenzt, nicht vereinbar ist, und diese Regierungsform überdiess mit dem Geiste der Nation im Widerspruche steht.

Der Zweck dieser Zeilen ist nur, Gleichgesinnte zum Nachdenken aufzufordern, damit der Landtag sie nicht unvorbereitet überrasche. Wir wollen gerne glauben, dass Manche sich durch diese Zeilen angeregt finden werden, ein engeres geistiges Bündniss zu schliessen, dessen Zweck kein anderer sein kann als die ungarische Nation zu retten und die alte ungarische Verfassung zu erhalten, ohne dass dadurch die Grossmacht-Stellung Oesterreichs und die constitutionellen Institutionen in den übrigen Ländern des Kaiserstaates gefährdet werden.

Eine Partei, die sich auf dieser Grundlage constituirt, kann jeden Angriff ruhig abwarten, denn es wird den Parteigängern vom Jahre 1848 nicht gelingen, wenn sie sich auch auf das Volk berufen, ihr gegenüber Stand zu halten.

Sie mögen sich immerhin auf das Volk berufen, das Volk sehnt sich dennoch nur nach Frieden und gutem Einvernehmen mit seinem König.

Hiemit glauben wir den Standpunkt skizzirt zu haben, den die conservative Partei, die man heute zu bilden bestrebt ist, nach oben und unten mit strenger Consequenz einnehmen muss. Wir würden es für einen grossen Vortheil betrachten, wenn unsere Principien mit jenen der dermaligen ungarischen Regierung in Einklang stünden, da es in diesem Falle für die neu zu schaffende conservative Partei eine patriotische Pflicht wäre, diese Regierung zu unterstützen.

XII. Die gemeinsamen Angelegenheiten.

Wir haben bereits erwähnt, dass es nicht in unserer Absicht liegt ein vollständiges Programm aufzustellen; wir fürchten indessen, dass unsere Gegner die Principien in der Allgemeinheit, in welcher wir sie aufgestellt, sich aneignen werden, um auf diese Weise die öffentliche Meinung abermals irre zu führen und das scheinbare Einverständniss zum Nachtheile des Landes noch länger aufrecht zu halten.

Es könnte diess um so leichter gelingen, als bei Lösung einer der grössten Schwierigkeiten die Anhänger der Verfassung vom Jahre 1848 scheinbar von denselben Grundsätzen ausgehen, aus denen wir die Nothwendigkeit einer endlichen Lösung der Wirren folgern. Wir wollen die Grundrechte der ungarischen Verfassung aufrecht erhalten, zugleich jedoch dahin streben, dass die Anforderungen, welche die oberste Staatsregierung bei den veränderten Verhältnissen an Ungarn stellt, gehörig beachtet werden, um auf diese Weise Oesterreichs Grossmacht-Stellung zu sichern und die constitutionelle Regierungsform in allen Theilen des Kaiserreiches möglich zu machen.

Dieses Princip wollen Alle anerkennen, mit Ausnahme Jener, die Oesterreichs Untergang wünschen. Wie schwer ist es dennoch die Form zu finden, in der dieses Princip praktisch zur Durchführung gelangen kann!

Der letzte Landtag hat mit vieler Bereitwilligkeit die Anforderungen, von denen wir soeben sprachen, für begründet anerkannt, indem er sich geneigt erklärte, von Fall zu Fall mit den constitutionellen Völkern Oesterreichs in Berührung treten zu wollen. Hierin liegt eben der Stein des Anstosses. Der Urheber der Februar-Verfassung will ebenfalls, dass die Ungarn nur von Fall zu Fall im Reichsrathe erscheinen sollen, und die Ungarn nehmen an diesen Berathungen dennoch keinen Antheil; und sie handeln klug, diess müssen wir bekennen. Allerdings hat der Landtag unterlassen sich darüber zu äussern, in welcher Weise die Verständigung von Fall zu Fall statt finden solle; Schade, dass dieser Punkt nicht näher erörtert und festgestellt worden ist, um Oesterreich sowohl als Ungarn von einer grossen Ungewissheit zu befreien. Wir hegen den Verdacht, dass diese Verständigung in einer Weise geschehen soll, die mit der gegenwärtigen Situation nicht vereinbar ist; die Ideen, die in der letzten Landtags-Adresse entfaltet worden sind, bestärken uns in dieser Annahme. Die Berührung zwischen Oesterreich und Ungarn soll darnach etwa in der Weise geschehen, wie zwischen Preussen und Frankreich bei Unterhandlung und Abschliessung des Handelsvertrages, oder gar auf die Weise wie zwischen Oesterreich und den Vereinigten Staaten von Nord-Amerika der Verkehr unterhalten wird. Ist diese

Anschauung unrichtig, so ersuchen wir die Parteiführer, deren es in Ungarn so viele gibt, unsere Ansicht zu berichtigen.

Nun wird Niemand behaupten wollen, das Verhältniss Ungarns zu den übrigen, dem Scepter des Kaisers von Oesterreich unterworfenen Ländern sei demjenigen zwischen gänzlich unabhängigen Staaten vollkommen gleich, selbst im Falle die pragmatische Sanction nicht bestehen würde.

Ein Beisammensein unter der Regierung desselben Souverains während Jahrhunderten, wie diess in Oesterreich mit Ungarn der Fall, hat unbemerkt eigenthümliche Verhältnisse und Bande geschaffen, deren wechselseitige Einwirkung unläugbar, deren Lösung, diese möge von oben oder unten angestrebt werden, ohne Gewaltanwendung nicht denkbar ist.

Dann gibt es noch eine Rücksicht, die diese Bande in den Augen Jener unlöslich macht, die nicht glauben können, das Genueser Comité werde die Welt reformiren. Diese Rücksicht besteht in der europäischen Anschauung, nach welcher der österreichische Kaiserstaat, zu dem auch Ungarn gehört, eben wie er jetzt besteht, zur Erhaltung des politischen Gleichgewichtes in Europa, unumgänglich nothwendig ist; diess wird auch in den Tuilerien anerkannt, wenn auch Herr Dr. Falk das Gegentheil davon behauptet.

Der Kaiser der Franzosen selbst wünscht ein Oesterreich; nur will er nicht, dass Oesterreich zu stark werde.

Von diesem Standpunkte Ungarns Lage betrachtet, ist es eine grosse Frage, was in dem Falle geschehen würde, wenn z. B. jetzt die Linien des Hauses Habsburg, die zur Regierung in Ungarn im Sinne der pragmatischen Sanction berechtigt sind, aussterben würden.

Ist Oesterreichs Integrität eine europäische Nothwendigkeit, können Tendenzen, die dahin ausgehen, die sociale Ordnung in einem Theile unseres Welttheiles zu stören und das Signal zur Erschütterung des Weltfriedens zu geben, keinesfalls grosse Sympathie in Europa finden.

Da nun die Bande zwischen Oesterreich und Ungarn unter normalen Verhältnissen nicht zu lösen sind, müssen wir uns bestreben, dass das Bündniss zwischen Oesterreich und Ungarn in einer Weise geschlossen werde, die, auf Grund der durch Jahrhunderte entwickelten Verhältnisse, der europäischen Bestimmung Oesterreichs und den verschiedenen Interessen im Innern der Monarchie entspricht.

Die Zeit, die Alles ändert, hat auch in Oesterreichs Regierungsform eine Aenderung herbeigeführt; die Bande, die die Völker Oesterreichs bisher umschlungen, sind durch die mächtigen Einwirkungen der Zeit noch fester geknüpft worden; es ist eine Identität der Interessen zwischen den Nationen, die Ungarn bewohnen, und jenen der übrigen Theile des Kaiserstaates entstanden — eine Identität, die allerorts und in Allem immer mehr zu Tage tritt. Wir können diess nicht läugnen, da es tausend Thatsachen täglich beweisen, wobei sie uns zurufen: „Ungarn ist ein ergänzender Theil des österreichischen Kaiserstaates."

Es ist nicht unsere Aufgabe, diese Thatsachen in Abrede zu stellen, die sich endlich nicht läugnen lassen; hingegen müssen wir eine Combination suchen, die der dermaligen Lage Ungarns entspricht und die weder des Landes Selbstständigkeit und Unabhängigkeit, noch die ungarische Nationalität gefährdet.

Niemand wird diese Behauptung für nicht stichhältig halten, so oft man| diess auch schon versucht hat. Nicht nur der hochgefeierte Graf Széchényi, auch Baron Josef Eötvös hat (in seiner Flugschrift „die Garantien der Macht und Einheit Oesterreichs" vor beiläufig drei Jahren) getrachtet, dem europäischen Publicum die Richtigkeit derselben Ansichten zu beweisen, die zu vertreten wir uns zur Aufgabe gemacht.

Der Patriotismus des Baron Eötvös unterliegt keinem Zweifel; seit seiner Jugend war er stets in den Reihen der Opposition zu finden, wir können uns daher auf ihn berufen; auch er gibt zu, dass zwischen Oesterreich und Ungarn gemeinsame Angelegenheiten bestehen; er geht hiebei so weit, dass Manche verleitet waren zu glauben, die Idee, die dem Reichsrathe vom 26. Februar zu Grunde liegt, sei seiner Flugschrift entnommen. Nebenbei sei es hier gesagt, wir können nicht recht einsehen, wesshalb Baron Eötvös sich seiner Zeit geweigert hat, an den Berathungen des verstärkten Reichsrathes Theil zu nehmen. Eben so wenig können wir uns erklären, wie er auf dem letzten Landtag einen Standpunkt einnehmen konnte, der im Widerspruch zu den Ideen steht, die Baron Eötvös in der erwähnten Flugschrift der Oeffentlichkeit übergeben hat. Die Thatsachen, auf die Baron Eötvös seine Ansichten gründet, sind heute dieselben wie vor einigen Jahren. Es ist daher doppelt zu bedauern, dass er sich dem moralischen Drucke, dem er in Pest ausgesetzt war, nicht zu entziehen gewusst, und vorgezogen hat, seine Ueberzeugung der Stellung, der er sich in Pest erfreut, zu opfern. So viel ist gewiss, dass Baron Eötvös noch vor wenigen Jahren die gemeinsamen Angelegenheiten, deren Vorhandensein er gleichfalls zugibt, nur dann auszutragen für möglich fand, wenn man zwischen einer der beiden Alternativen: Absolutismus oder gemeinsames Ministerium mit gemeisamem Parlamente, die Wahl getroffen hat.

Diese Ansicht des Ministers aus dem Jahre 1848 wollen wir weder theilen, noch der kaiserlichen Regierung Concessionen von der Tragweite machen, wie er es that, doch können wir eben so wenig der Ansicht des „Pesti Hirnök" über diesen Gegenstand beistimmen. Bisher ist noch kein Blatt mit einer Idee hervorgetreten, in welcher Weise die gemeinsamen Angelegenheiten im verfassungsmässigen Wege ausgetragen werden sollen. „Hirnök" hat sich nur dahin geäussert, dass er sich den Bestimmungen des §. 10 vom Jahre 1790 gänzlich anschliesst, wornach die Entscheidung der gemeinsamen Angelegenheiten ausschliesslich der Krone vorbehalten bleibt, und der Landtag blos durch eine Commission, die ihr Gutachten abzugeben hätte, auf diese Angelegenheiten Einfluss zu üben berufen wäre. Doch vergisst „Hirnök", dass eine solche Lösungsart nur bei einer absoluten Regierungsform möglich ist. Das Einzige, was durch eine begutachtende Commission erreicht wäre, sind die moralischen Schranken, die dem Absolutismus gesetzt würden — Schranken, die in der Politik nicht genügen, wo es sich darum handelt, positive Rechte zu wahren. Nach unserer Auffassung ist es immerhin schwer, doch nicht unmöglich, eine passende Combination zu finden. Folgende Punkte müssen aber vor Allem angenommen werden, und zwar:

Erstens: dass der Kaiser von Oesterreich aus dem Hause Habsburg auch dann wirklicher und nicht nur Honorar-König von Ungarn sei, wenn er ausserhalb des Landes sich aufhält. Diess war zu allen Zeiten der Fall, und nur Artikel 9 des 3. Gesetz-Artikels vom Jahre 1848 wollte hier eine Aenderung einführen.

Zweitens: dass Ungarn das Vorhandensein gemeinsamer Angelegenheiten offen und aufrichtig anerkenne.

Drittens: dass Ungarn bereit sei zur Regelung dieser gemeinsamen Angelegenheiten eine Combination anzunehmen, die den Monarchen nicht hindert, die Souveränitätsrechte im Sinne der pragmatischen Sanction über das ganze Reich auszuüben, und in allen Theilen des Kaiserstaates gleichmässig seinen Regentenpflichten nachzukommen. Allerdings würde der 10. Gesetz-Artikel vom Jahre 1790 eine Aenderung erleiden; des Landes Unabhängigkeit und Selbstständigkeit, die das Wesen dieses Gesetz-Artikels bilden, müssen jedoch gesichert bleiben.

Nach unserer Meinung wäre ein **Reichs-Senat**, aus höchstens 120 Mitgliedern bestehend, zu errichten. Zwei Drittel dieser Mitglieder würden von den betreffenden Landtagen frei gewählt, ein Drittel von der Krone aus den grossen Grundbesitzern der verschiedenen Länder ernannt. Alle drei Jahre müssten neue Wahlen und neue Ernennungen stattfinden; die Mitglieder des Senates können nach Ablauf dieser drei Jahre wieder gewählt oder ernannt werden. Jedes Mitglied des Senates hat gleiches Stimmrecht. Jeder Beschluss, um giltig zu sein, muss von $^{7}/_{12}$ der Mitglieder unterstützt werden.

Von 120 Mitgliedern müssten 70 die Majorität bilden. Der Senat wählt seinen Präsidenten und Schriftführer; nach erhaltener Sanction des Monarchen hätten seine Beschlüsse Gesetzeskraft im ganzen Reiche. Der Monarch würde durch sein Staats-Ministerium mit diesem Senate verkehren, zu dessen Mitgliedern im Sinne des Gesetz-Artikels 17 vom Jahre 1790 auch Ungarn zu ernennen wären. Im Falle ein Einverständniss zwischen dem Monarchen und dem Senate nicht zu erzielen wäre, hätte der Monarch das Recht, den Landtag, dessen Abgeordnete verschiedener Ansicht mit der Krone sind, zur Absendung anderer Senatoren aufzufordern, sogar den Landtag selbst aufzulösen, in welchem Falle sofort neue Wahlen auszuschreiben wären. Die ernannten Senatoren würden dann entlassen werden können, wenn der Landtag in jenem Theile des Reiches, welchen sie vertreten, aufgelöst wird und neue Wahlen ausgeschrieben sind. Ungarn würde zwei Drittel der Senatoren, die auf Ungarn entfallen, aus dem Hause der Abgeordneten, ein Drittel aus der Magnatentafel durch freie Wahlen entsenden. Die Mitglieder des Ministeriums hätten in diesem Senate nur dann Sitz und Stimme, wenn sie durch Ernennung oder Wahl dessen Mitglieder sind. Nur jene Angelegenheiten würden diesem Senate zur Behandlung vorgelegt werden können, die von Ungarn und den übrigen Theilen des Kaiserstaates für Angelegenheiten von gemeinsamem Interesse erklärt worden sind. Eben desshalb halten wir es für unerlässlich, dass diese Frage auf dem ungarischen Landtage mit Rücksicht auf das Diplom vom 20. October einer eingehenden Berathung unterzogen werde; daher ist es dringend geboten, dass die Gegenstände, die in dem Artikel 2 des Diplomes vom 20. October 1860 enthalten sind, im Wege des Tractates klar und bestimmt festgestellt, so wie einige undeutliche Stellen, die von Mitwirkung des Reichsrathes sprechen, gehörig erläutert werden. Die gemeinsamen Angelegenheiten müssen unzweideutig erkannt und bestimmt bezeichnet sein. Es müsste klar und deutlich als conditio sine qua non ausgesprochen werden, dass die vollziehende Gewalt in Ungarn nur durch Ungarn ausgeübt werde, so wie dass nur der ungarische Landtag und die ungarische Regierung die Beschlüsse des Senates in Angelegenheiten von gemeinsamem Interesse ausführen können. Manche sind der Ansicht, dass es schwer fallen dürfte, diese gemeinsamen Angelegenheiten in Vorhinein zu bestimmen; doch wir glauben, dass diess mit einigem guten Willen dennoch geschehen könne, ohne nachträgliche Aenderungen auf Grund gemachter Erfahrungen auszuschliessen. Ein Gesetz müsste indessen dafür sorgen, dass etwa eintretende Schwierigkeiten nicht als Hindernisse in der Erledigung der Angelegenheiten angesehen werden.'

Diess ist unsere Ansicht über die wichtigste aller Tagesfragen. Wir wollen uns nicht überschätzen, müssen jedoch bemerken, dass unser Vorschlag, gehörig gehandhabt, immerhin zu einer Transaction führen kann.

Wir sind der Meinung, dass auf diese Weise den Anforderungen der pragmatischen Sanction Genüge geleistet und die alte Verfassung mit der neuen Zeit in Einklang gebracht werden könnte. Willigen die Ungarn in diesen Plan, geben sie dadurch vor der Welt den Beweis, dass sie die Aufgabe, welche ihnen die Zeit gestellt, billig zu lösen verstanden haben, um die verschiedenen Nationalitäten im Lande zu beruhigen, mit den übrigen Völkern des Kaiserstaates sich zu vergleichen, die obschwebenden Schwierigkeiten in einer dem europäischen Interesse entsprechenden Weise auszutragen, und dennoch ihre alte Verfassung und politische Selbstständigkeit, so weit diess thunlich, aufrecht zu erhalten. Diess ist die Politik, die wir den Ungarn besonders empfehlen; wir lieben die Ungarn, vielleicht mehr als Andere, doch sind wir überzeugt, dass die nationale Existenz der Ungarn nur in der von uns vorgeschlagenen Art und Weise zu sichern ist.

Ungarn dürfte auf diese Weise eine bescheidenere Stelle in Europa erhalten, als vielleicht durch eine andere Politik. Letztere jedoch könnte nur auf Eventualitäten gegründet sein, deren Tragweite und Wirkung Niemand kennt — auf Eventualitäten, die so ungewiss sind, dass Niemand darauf zu rechnen vermag.

Die Politik, deren Annahme wir empfehlen, ist auf das dermalen in Europa bestehende Staatensystem gegründet und den gegebenen Verhältnissen entnommen; die Verwirklichung derselben hängt von der Einsicht und Klugheit der Ungarn ab. Die Garantie dafür übernehmen sämmtliche mit Ungarn ausgesöhnte Völker des österreichischen Kaiserstaates.

Welchen Eindruck werden diese Zeilen in Wien machen, wo eben der Reichsrath versammelt ist? Wir wollen hierüber freimüthig unsere Meinung äussern.

Den Reichsrath, wie ihn die Verfassung vom 26. Februar geschaffen, halten wir schon desshalb für eine politische Institution, die nicht lebensfähig ist, weil die Mehrzahl der Nationen, die darin vertreten sind oder vertreten sein sollen, aus manchen Gründen dessen Antagonisten sind.

Es wäre besser, dieser Reichsrath würde je eher seine Thätigkeit einstellen; wir sind der Ansicht, dass sobald der Reichsrath aufgelöst ist, Se. Majestät sich in der angenehmen Lage befinden würde, die Institution, die der 26. Februar geschaffen, auf die Bitte der verschiedenen Landtage aufzuheben und durch eine Verfassung zu ersetzen, die den Wünschen der Mehrzahl der Königreiche und Länder entspricht. Auch die Regierung wird sodann von einer grossen Verlegenheit befreit sein. Wir halten den dermaligen Reichsrath schon desshalb für nicht lebensfähig, weil er auf der Centralisation beruht. Centralisation kann ohne Bureaukratie nicht bestehen, und dieser Regierungs-Apparat ist für Oesterreichs Finanzen zu kostspielig; desshalb glauben wir, dass der Reichsrath des 26. Februar sich nicht werde halten können; wir wünschen ihm kein längeres Leben, als ihm sein schwacher Zustand verbürgt; der Reichsrath ist bisher blos ein Postulat der Verhältnisse und der diplomatischen Rücksichten, um dem Auslande zu beweisen, dass Oesterreich ein Parlament besitze und mit dem absoluten Regime gebrochen habe. Wir können uns täuschen, jedenfalls beharren wir bei der Ansicht, dass unsere Behauptung nicht ungegründet ist.

XIII. Die Nationalität.

Die Leser wollen uns erlauben, Einiges über die Nationalitäts-Verhältnisse Ungarns zu erzählen.

Es ist eine alte Wahrheit, dass verlorene Freiheit wieder erlangt werden kann; es dürfte jedoch nicht so leicht sein, eine Nationalität, die zu Grunde gegangen, wieder aufzurichten.

Man erlaube uns hierüber unsere Ansichten auszusprechen und hiebei die Integrität des Landes einer besonderen Aufmerksamkeit zu empfehlen. Die Bestrebungen, die in Ungarn unter den nichtungarischen Völkerschaften zu Tage treten, dürfen unserer Aufmerksamkeit nicht entgehen, da diese Tendenzen unter dem Titel des Rechtes der Nationalität auf Zerstücklung des Landes hinzielen. Manche halten es mit ihren patriotischen Pflichten vereinbar, die politische Suprematie der ungarischen Sprache zu läugnen, da sie auf diese Weise hoffen, die nichtungarischen Nationalitäten für ihre weittragenden Zwecke zu gewinnen. Wir theilen diese Ansicht durchaus nicht, da wir das Vorrecht der ungarischen Sprache in Ungarn für eine durch die Gesetze gesicherte politische Institution halten. Wir wollen damit die Ansprüche, welche Recht und Billigkeit den Nationen nichtungarischer Zunge einräumen, nicht angreifen; im Gegentheile, wir wollen dieselben durch Gesetze garantiren und sonst nichts fordern, als dass die Nationalitäten nichtungarischer Zunge, da sie zugleich Bewohner Ungarns sind, die Zerstücklung des Landes nicht als Opfer verlangen sollen. Nationalität soll in Zukunft in Ungarn weder auf Rechte noch Pflichten von Einfluss sein; die Einheit in der Gesetzgebung und politischen Administration kann unter keinem Vorwande aufgegeben werden; doch das Gesetz soll bestimmen, welchen Einfluss die Völkerstämme nichtungarischer Sprache auf Gesetzgebung und Verwaltung üben dürfen. Wir müssen jede Bestrebung verdammen, die dahin ginge, die Nationalitäten nichtungarischer Zunge auf Kosten der ungarischen Nation zu befriedigen, da es Illusion ist zu glauben, dass diess die nichtungarischen Nationalitäten jetzt befriedigen werde. Wir müssen bedauern, dass auf dem letzten ungarischen Landtage das sogenannte Nationalitäts-Comité Anträge gestellt hat, die nie hätten können angenommen werden und wodurch die nichtungarischen Nationalitäten jetzt auch nicht mehr befriedigt worden wären.

Die Nationalitätsansprüche werden von Vielen ganz unrichtig als eine Forderung der Verhältnisse hingestellt; die heutigen Verhältnisse zwischen den Nationalitäten sind dieselben, wie ehedem. Die Bewegung, die entstanden, ist nur ein Ergebniss der Zeit, die nichts unberührt lässt. Sobald normale Zeiten eintreten, werden die Forderungen herabgestimmt werden und das richtige Mass an Recht und Billigkeit nicht überschreiten. In diesem Augenblicke ist jede ungebührende Concession schädlich und gefahrbringend, da hiedurch nur neue Ansprüche erweckt würden, die einen Staat, der aus verschiedenen Nationalitäten besteht, zum Zerfalle bringen müssen. Staatsmänner, die im Interesse der Ordnung zu diesen Waffen greifen, legen kein besonderes Talent an den Tag. Vor Allem aber muss eine solche Politik in Oesterreich verdammt sein, die, wenn sie auch momentane Vortheile gewährt, zum Zerfalle des Reiches und der Länder der ungarischen Krone führen muss.

Viele ungarische Patrioten wollen diess nicht einsehen, und thun im Innern des Landes dasselbe, was sie als Bemühungen des österreichischen Ministeriums verdammen.

Wir müssen aufrichtig bedauern, selbst in dem feindlichen Lager diese Ansicht von Männern getheilt zu sehen, mit denen wir eine Transaction doch vielleicht für möglich halten. Wir hoffen, dass die conservative Partei die Lösung der Nationalitäts-Frage nicht auf demselben Felde sucht, wie die Commission des letzten ungarischen Landtages. Die Magyaren sollen gerecht, ja liberal gegen die Volksstämme anderer Zunge sein; doch müssen sie sich selbst und dem ungarischen Vaterlande immer treu bleiben.

Diese Nationalitäts-Frage gestaltet sich ganz anders in Croatien und Slavonien; dass in Croatien die Sache dahingelangt, wo sie jetzt ist, daran ist nur die conservative Partei vor dem Jahre 1848 Schuld. Der „Pesti Napló" wundert sich in einer Weise über die Unruhe, welche die Gesetze des Jahres 1848 in diesen Ländern erzeugt hat, dass man glauben sollte, Croatiens Beschwerden seien nur leere Erfindung. Wozu diese Selbsttäuschung, da die Croaten diese Gesetze nie anerkannt haben und auch nie anerkennen werden, trotzdem sie sich enger mit Ungarn verbünden wollen.

Es gibt kein anderes Mittel, als die Ungerechtigkeit eingestehen, die der Landtag vom Jahre 1848 Croatien gegenüber begangen hat, wie diess der feierliche Protest der damaligen croatischen Landtagsabgeordneten beweiset. Die Sache muss je eher gut gemacht werden, da die Ungarn nie einwilligen können, dass Croatien und Slavonien nicht Ungarns Nebenländer seien; desshalb muss die Unabhängigkeit und gesetzliche Autonomie dieser Länder, wie sie bis zum Jahre 1848 immer beobachtet worden sind, wieder anerkannt werden, da Croatien das Recht hat zu verlangen, dass seine staatsrechtliche Stellung in einer mit seiner Vergangenheit vereinbaren Weise geregelt werde. Wenn daher von ungarischer Seite bewiesen werden soll, dass man die Beschwerden Croatiens und Slavoniens den Gesetzen vom Jahre 1848 nicht zur Last legen kann, ist diess ein grosser Irrthum; die Ungarn werden ihren Fehler nicht damit gutmachen, dass sie zum Beweise dessen, dass sie mit Croatien nicht brechen wollten, anführen: das ungarische Ministerium habe den Banus zu Conferenzen eingeladen. Werden die Rechtsansprüche Croatiens und Slavoniens berücksichtigt, zweifeln wir nicht an der Geneigtheit der Croaten, auf eine Verständigung einzugehen.

Die Beruhigung der Croaten soll die erste Aufgabe der conservativen Partei sein; wir können zu diesem Zwecke auf die aufrichtige Mitwirkung der Krone rechnen, da diese Jahrhunderte alte Rechte Croatien und Slavonien gegenüber nicht aufgeben kann, wie diess Se. Majestät in dem Rescript an den croatischen Landtag, worin die Forderung einer besonderen Krönung zurückgewiesen ward, ausgesprochen hat. Der ungarische Landtag wird immer streben, den König zu bestimmen, bei Gelegenheit der Krönung die Integrität der Länder der ungarischen Krone und deren Virtual-Rechte, nach dem Beispiele seiner Vorfahren mit dem Eide zu bekräftigen.

XIV. Union mit Siebenbürgen.

Bezüglich der Integrität des Landes müssen wir noch der Union Siebenbürgens mit Ungarn erwähnen. Was diess betrifft, wünschen wir, dass das diessfällige Gesetz vollzogen werde.

Diese Frage ist indessen viel zu wichtig, um sie durch den VII. Gesetz-Artikel vom Jahre 1848 für erledigt und abgeschlossen zu halten. Die Union Siebenbürgens mit Ungarn ward schon unzählige

Male erörtert, ohne dass die Verhandlungen zu einem Ziele geführt hätten. Bei der Verschiedenheit der Interessen und der Privat-Rechtsverhältnisse in beiden Ländern ist es nicht anders möglich.

Siebenbürgen hat gleichfalls seine alte ehrwürdige Autonomie gehabt, die von der ungarischen so verschieden war, dass nur die grösste Rücksichtslosigkeit dazu gehörte, um dieser Autonomie mit ein paar Worten ein Ende zu machen. Es ist nicht leicht, zwei Länder zu vereinen, deren öffentliche und Privat-Rechtsverhältnisse gründlich verschieden sind und die Jahrhunderte hindurch selbstständig verwaltet wurden; „Einheit der Nationalität und Identität der Rechte", wie diess im VII. Gesetz-Artikel vom Jahre 1848 gesagt ist, sind zu einer solchen Vereinigung nicht ausreichend. Warum wurde diese Union in solcher Eile zu Pressburg decretirt, ohne Siebenbürgen zu befragen? Hierüber gibt der VII. Gesetz-Artikel folgende Aufklärung: „Die dermaligen Ereignisse", heisst es darin, „sind solcher Art, dass die Vertretung der beiden Schwesterländer auf dem nächsten Landtage dringend erforderlich ist." Es wundert uns gar nicht, dass Kossuth, der die Gesetze des Jahres 1848 dictirt hat, diese Ueberstürzung begründet fand, da er die Ereignisse in Pressburg vorbereitete, wie diess aus dem Wortlaute des Gesetzes über die Union zu entnehmen ist. Wir wollen glauben, dass Kossuth es mit seinem Vaterlande redlich gemeint hat, denn — und das ist ein grosses Glück — er hat ein gutes Herz, nur ist er ein schlechter Politiker. Was die Union Siebenbürgens betrifft, waren wir schon damals der Ansicht, dass ein Bündniss auf solchen Grundlagen nicht von Dauer sein kann. Allerdings wird behauptet, der Landtag in Klausenburg habe den VII. Gesetz-Artikel angenommen. Diess ist wahr, nur müssen wir hinzufügen, dass hiebei in Klausenburg mit noch grösserer Uebereilung als in Pressburg vorgegangen worden ist.

Was geschieht jetzt? Hierauf die Antwort, die Union werde durch die Reaction verhindert. Wir wollen diess annehmen, nur müssen wir hinzufügen, dass eine Reaction ihr Ziel nicht erreichen könnte, wenn die Majorität der daran Betheiligten fände, dass die Union in ihrem Interesse liege. Und das ist's, was zuerst bewiesen werden muss, um die Betreffenden zu beruhigen, da wenig Menschen durch Ueberstürzung oder rasches Einschreiten zu bekehren sind. Wir wünschen gleichfalls die Vereinigung der beiden Schwesterländer, wenn diese Vereinigung eine aufrichtige ist; wir wollen vor Allem die Ansichten der Siebenbürger erfahren und die Unionsgesetze erst dann einer Revision unterziehen.

Der röm. katholische Bischof Siebenbürgens hat das Unionsgesetz mit seltener Gewandtheit und seltenem Geiste vertheidigt, uns aber doch nicht überzeugt, obwohl wir die Union im Interesse der Anhänger der katholischen Kirche in Siebenbürgen wünschen. Die Union ist unausführbar ohne früher Siebenbürgen gehört zu haben; desshalb stimmen wir gegen die Union, so lange das diessfällige Gesetz nicht einer Revision unterzogen wird, obwohl wir die Union für den Katholicismus förderlich halten, und aus diesem Grunde den Eifer und die Sympathien des genannten geistlichen Würdenträgers vollkommen theilen.

XV. Die Religionsfreiheit.

Ausser der Integrität des Landes und der mit derselben Hand in Hand gehenden Nationalitätenfrage halten wir die Religionsfreiheit für einen äusserst wichtigen Gegenstand. Religions-Angelegenheiten haben überall und zu aller Zeit auf politische Institutionen den grössten Einfluss geübt. Wir halten es für eine patriotische Pflicht, in dieser Angelegenheit aufrichtig das Wort zu ergreifen. Wir haben bei genauer Beobachtung der religiösen Bewegungen die Erfahrung gemacht, dass in Ungarn sich Tendenzen entwickeln, die dem Haupte der katholischen Kirche feindlich sind. Hierin können wir nichts Gutes erblicken und halten es für unsere Pflicht, dem Uebel noch rechtzeitig zu begegnen. Wir halten es daher im Interesse der Religionsfreiheit für nothwendig, dass

1. die serbische Frage zugleich mit den Ansprüchen der Rumänen gelöst und sodann zur wechselseitigen Befriedigung in ein Gesetz aufgenommen werde;
2. die Protestanten gleichfalls beruhigt bleiben können, ohne
3. die Katholiken dadurch zu beunruhigen, als wenn es die Absicht wäre, die politische Freiheit zum Nachtheile der katholischen Religionsfreiheit auszubeuten.

Betreffs der letzten zwei Punkte finden wir im Gesetz-Art. XXVI. vom Jahre 1790 alle Garantien. Wir erkennen diese Bestimmungen auch für die Zukunft als die Grundlage jeder weiteren Verhandlung. Die ungarischen Katholiken haben hievon bei dem Erscheinen des bekannten Protestanten-Patentes, obwohl dieses für sie gleichgiltig sein konnte, Zeugenschaft abgelegt.

Die Katholiken haben bei diesem Anlasse gegen die Verletzung der religiösen Rechte der Protestanten Verwahrung eingelegt und kein ungarisches katholisches Blatt hat aus Schadenfreude seine Zufriedenheit über das Protestantengesetz ausgesprochen. Was geschieht heute?

Die Aufreizungen gegen die weltliche Macht des Pabstes verletzen jedes katholische Gefühl. Hiezu ist in Ungarn weder ein Grund noch eine Nothwendigkeit vorhanden. In Ungarn kann das Beispiel der Italiener nicht nachgeahmt werden; dort wird die Agitation gegen den heiligen Stuhl zur Erreichung politischer Zwecke benützt, die nur im Wege der Revolution zu verwirklichen sind. Diese Agitation ist mit Revolution gleichbedeutend. Was soll jedoch diese Agitation in Ungarn, wo es keine Revolution gibt, wo eine solche von dem vernünftigen Theile der Bewohner nicht gewünscht wird?

In Italien handelt es sich um die Einverleibung Roms in Piemont. Was kann dieses Ungarn interessiren? Es wird behauptet, dass in Italien die Agitation von den Katholiken ausgehe; diess ist nicht richtig, da die Einverleibung Roms blos der Wunsch der antikatholischen Garibaldianer und Mazzinisten und des Königs Victor Emanuel ist. In Ungarn agitirt die Presse, die zumeist in den Händen der Protestanten und Juden ist, gleichfalls gegen den Pabst, da diese Presse die politische Freiheit mit der römischen Frage in Verbindung bringt.

Es gibt Blätter, die behaupten, dass das Aufhören der weltlichen Macht des Pabstes nicht nur in Ungarn, sondern auch in anderen Ländern ein Gebot der öffentlichen Meinung sei. Vor einigen Tagen nahmen wir Anstoss an einem Leitartikel des „Magyar Sajtó", worin die Erklärung Lord Palmerston's, die römische Frage betreffend, eingehend besprochen wird.

Die Ansichten, welche das antikatholische und protestantische England über die römische Frage hat, sind bekannt. Niemand ignorirt die Antipathie dieses protestantischen Staates gegen den Katholicismus und dessen Haupt, den Pabst.

Ein englischer Minister befolgt nur die traditionelle Politik seines Staates, wenn er, um den Katholicismus zu schwächen, gegen die weltliche Macht des Pabstes seine Stimme erhebt. Es dürfte uns daher nicht Wunder nehmen, wenn Lord Derby sich ebenso äussern würde wie Lord Palmerston, nämlich: dass die weltliche Macht des Pabstes unhaltbar sei und der Pabst ganz in seinem Interesse handeln würde, wenn er dieselbe so bald wie möglich aufgebe. Wenn jedoch ein katholisches Blatt in Ungarn sich unterfängt zu behaupten, Lord Palmerston habe hiemit nichts Besonderes gesagt, da in der ganzen Welt die weltliche Macht des Pabstes für unhaltbar gelte, so ist diess mehr als unverschämt, es ist eine Provocation gegen die katholische Kirche und ein Aergerniss, das ihr gegeben wird. Wir sind der Meinung, dass die Katholiken Italiens in dieser Beziehung in derselben Lage sind, wie Viele bei uns mit dem verantwortlichen Ministerium.

Den Italienern will man glauben machen, der Pabst und die Unabhängigkeit der Religion können auch ohne weltliche Macht bestehen; bei dieser Frage wird die Einigkeit Italiens, die im Uebrigen nicht leicht zu verwirklichen ist, mit in's Spiel gezogen. Sobald sich jedoch die Italiener bei eingehender Betrachtung der Verhältnisse der katholischen Kirche von dem Gegentheile ihrer jetzigen Ansicht werden überzeugt haben, werden sie nach Rom eilen, um die weltliche Macht des Pabstes nicht wegen dieser Macht selbst, sondern wegen der Unabhängigkeit der katholischen Kirche zu vertheidigen.

Die Stunde dieser Ernüchterung ist näher, als Victor Emanuel und dessen Spiessgesellen es ahnen; die römische Frage wird bald gelöst sein, in einer Weise, die den Erwartungen der katholischen Völker und den Grundsätzen entspricht, auf denen die sociale Ordnung der christlichen Welt beruht, deren ergänzenden Theil die weltliche Macht des Pabstes bildet, so zwar, dass ein unausfüllbarer Raum übrig bliebe, wenn es gelänge, diese weltliche Macht zu vernichten.

Wir können nicht recht begreifen, was die römische Frage mit der ungarischen Freiheitsfrage im Sinne der Verfassung des J. 1848 in dem katholischen Ungarn gemein hat?

Die ungarischen Katholiken haben die Protestanten Ungarns moralisch unterstützt, als durch das Protestanten-Patent ihre Religions-Freiheiten berührt wurden; diess wird aber damit erwiedert, dass man den „Idök Tanuja", der sich die Vertheidigung der Interessen der katholischen Kirche zur Aufgabe gemacht, schon heftig angriff, ehe man seine politische Tendenz noch kannte. Es schien, als wäre der Katholicismus ein Feind der Freiheit. Wir wollen den Grund hievon weder untersuchen, noch erläutern; auf Eines jedoch müssen wir die Protestanten Ungarns aufmerksam machen und diess ist: dass die Katholiken gleichfalls gute Patrioten sind, die die alte ungarische Freiheit, freilich nicht die des Jahres 1848, geschaffen und aufrecht erhalten haben, lange vor dem Entstehen der protestantischen Kirche.

Die Katholiken haben seither keinen Anlass geboten, um ihren Patriotismus in Zweifel zu ziehen. Wesshalb wurde der „Idök Tanuja", der sich die Vertretung der katholischen Interessen zur Aufgabe gestellt, noch vor seinem Erscheinen angegriffen? Diese Zeitschrift ist dennoch erschienen, sie besteht, und ihr Leserkreis vermehrt sich; sie vertritt die katholischen Interessen ebenso, wie die Verfassung des Landes, wenn sie auch die Ideen des „Jövö" und anderer gleichgesinnter Blätter nicht theilt. Wozu diese Schadenfreude, die einer besseren Sache würdig wäre? Jeder Angriff und jede entgegengesetzte Aeusserung wird stillschweigend übergangen, oder abgechwächt wiedergegeben. Man denkt nicht daran, was geschehen würde, wenn die subversive Politik in Rom die Oberhand bekäme. Und doch könnte Niemand verhindern, dass der Pabst, aus Rom vertrieben, in dem katholischen Ungarn ein Asyl suche!

Man hat es seiner Zeit als Beschwerde angeführt, dass das Protestanten-Patent die Superintendenten an gewisse Wohnorte binden und ihnen fixe Gehalte anweisen wollte.

Welches Interesse kann man daran haben, katholische Gewissen zu beirren, wenn sie darin eine Beruhigung finden, dass das Haupt der katholischen Kirche nicht nur in Rom residire, sondern, wie bisher, in Rom auch regiere.

Die Protestanten Ungarns hätten gewiss jede Einsprache der Katholiken, wenn sie ihnen die Annahme des Protestanten - Patentes empfohlen hätten, zurückgewiesen; so recht diess gewesen wäre, ebenso recht und billig ist es, dass Protestanten sich enthalten sollen die Richtung anzugeben, in der katholische Gewissen zu beruhigen sind.

Man lese die Ideen, die ein ehemaliger protestantischer Minister Louis Philipp's in seiner Flugschrift: „*L'eglise et la société chrétiénnes*" über Italiens Einheit und die weltliche Macht des Pabstes äussert. Man berichtige diese Ideen, wenn man es vermag.

Soll jedoch der Pabst desshalb aus Rom vertrieben werden, weil diess zur Beendigung der italienischen Revolution unumgänglich nothwendig, werden wir Katholiken diess ebenso wenig zugeben, wie die Protestanten es zugeben wollten, dass ihre Superintendenten an einem bestimmten Orte zu residiren verpflichtet würden. Die Protestanten berufen sich hiebei mit Recht auf ihre religiöse Autonomie. Wesshalb dürfen die Katholiken sich nicht auf die autonome Organisation ihrer Kirche berufen? Jedenfalls ist diess eine Frage, bei deren Lösung 200 Millionen Katholiken mit den Schaaren Garibaldi's und Victor Emanuel's in Kampf gerathen.

Napoleon III. wird als die verkörperte Idee der Freiheit, als Befreier der Völker vergöttert; doch man vergisst, dass Napoleon III. die Freiheit nach seinen Ideen auslegt.

Der französische Minister, dessen Ideen über die weltliche Macht des Pabstes wir soeben erwähnt, wird in Ungarn als reactionär geschildert; diess ist leicht begreiflich. Es wird Sorge getragen, dass derlei ultramontane Ansichten keine Verbreitung finden, hingegen werden alle gegen die Kirche gerichteten Schreiben Garibaldi's mit grosser Gewissenhaftigkeit nachgedruckt, angeblich als Bitten, die dem heil. Vater vorgelegt werden. Oder soll vielleicht die Aeusserung irgend eines pflichtvergessenen Priesters der Ausdruck der öffentlichen Meinung der ganzen katholischen Welt sein? Guizôt der reactionäre, wird als Feind der Freiheit geschildert, der sich überlebt hat; doch man vergisst, dass Frankreich den Namen Cayénne zur Zeit als dieser Minister am Ruder war, nicht gekannt hat. Erst in neuester Zeit wird diese Colonie als ein Denkmal moderner Freiheit organisirt. Es ist noch Eines, was bei Beurtheilung der liberalen Handlungen Napoleon's III. nicht in Betracht gezogen wird. Man vergisst, dass er verschiedene Völker Europas von anderen unabhängig machen will, um sie von sich allein abhängig zu machen. Beispiel hiefür Italien, wo ein Ministerium nurmehr mit Frankreichs Genehmigung sich bilden kann.

Ist das Vorgehen des Kaisers der Franzosen in der römischen Frage ein anderes? gewiss nicht; auch hier ist die Absicht massgebend, Rom von Paris abhängig zu machen.

Napoleon III. sieht sehr wohl ein, dass der aus Rom vertriebene Pabst von katholischen Schaaren bald wieder auf den Stuhl des heil. Petrus zurückgeführt würde, wodurch die ohnediess nicht sehr feste Dynastie Napoleon's leicht einen verderblichen Stoss erfahren könnte. Die Orsinische Bombe hat Napoleon III. allerdings erschüttert, doch die Geschichte Napoleon I. hat ihn zur Besinnung gebracht, da er sich dessen erinnerte, dass seines Oheims Sohn, obwohl König von Rom, nie seinen Einzug in die ewige Stadt halten konnte.

Die italienischen Revolutionäre, und nehmen wir an, mit ihnen 24 Millionen Italiener, wünschen Rom zur Hauptstadt; doch die ganze katholische Welt, die wohl 200 Millionen zählen mag — die grosse Mehrheit der 24 Millionen Katholiken Italiens inbegriffen — wünscht Rom als den Sitz des obersten Kirchenfürsten.

Wir haben diesen der ungarischen Verfassungspolitik fremden Gegenstand nur desshalb erwähnt, damit Religionsfragen nicht in den Kreis der politischen Discussion hineingezogen werden und weil wir die Erfahrung gemacht, dass von gewisser Seite die römische Frage mit der politischen Freiheit in Zusammenhang gebracht wird.

XVI. Eine vorhergehende unabhängige Berathung.

Aus Allem, was wir in den vorgelassenen Abschnitten gesagt, können die ungarischen Patrioten die Ueberzeugung gewonnen haben, dass wir die alte Verfassung auf liberalen und nationalen Grundlagen mit den Forderungen der Zeit und der Verhältnisse in Einklang zu bringen bestrebt sind, vorausgesetzt, dass auch diesseits der Leitha nicht mehr verlangt wird, als die Möglichkeit constitutioneller Regierungsformen in den nichtungarischen Ländern des Reiches unter Wahrung von Oesterreichs Grossmachtstellung und der Majestäts-Rechte des gemeinsamen Herrschers. Wir sind von der Nothwendigkeit dessen durchdrungen, dass Ungarn mit seinem legitimen Könige sich aussöhnen, mit Oesterreichs Völkern einen dauernden und festen Frieden schliessen muss. Hiezu ist vor Allem nothwendig, die verschiedenen Ansichten und Auffassungen in politischen Tagesfragen zu klären und zu berichtigen, zu welchem Ende wir eine Berathung unabhängiger Männer für wesentlich förderlich halten. Erklären wir uns hierüber.

Die Graner Conferenz ist, wie bereits gesagt, ohne Resultat geblieben, weil sie auf den 20. October gefolgt und überhaupt verspätet war. Diese Conferenz wurde von der ihrer Absichten nicht klar bewussten Regierung im Stiche gelassen und stand lediglich unter dem Drucke der öffentlichen Meinung. Wer der Mängel der Gesetze des Jahres 1848 zu gedenken wagte, wurde für einen Landesverräther erklärt, wenn er auch für die alte ungarische Verfassung mit aller Entschiedenheit eintrat. Erinnern wir uns der Polemik Zsedényi's, dieses einzigen Mitgliedes der October-Regierung, welches dessen, was es gewollt, klar bewusst war und auch den Muth hatte seine Meinung zu äussern.

Ob Zsedényi's Ansicht richtig oder unrichtig, gehört nicht zur Sache. Er war der Einzige, der eine begründete Meinung hatte, während Baron Vay sich nicht einmal denken konnte, was er eigentlich gewollt, oder was er seinem Könige und dem Lande rathen soll. Während Jene, die seine natürlichen Bundesgenossen waren, die Bezeichnung einer bestimmten Richtung, in der sie vorzugehen hätten, von ihm vergeblich erwarteten, hat eine kleine doch kecke Fraction gleich einer Lawine sich allseits verbreitet, um selbst die Aeusserung einer Meinung, welche ihren Tendenzen entgegen wäre, unmöglich zu machen.

Niemand wird die Behauptung wagen, dass die Mitglieder der Graner Conferenz vom Primas bis zum berufenen oder nicht berufenen Rabbiner*) durch den Appell an die Gesetze vom Jahre 1848 aussprechen wollten, der Landtag dürfe sich nicht erkühnen auf irgend welche

---

*) Die Sache war die: Vay vermochte nicht mit sich darüber in's Reine zu kommen, ob Israeliten an der Graner Conferenz Theil nehmen können oder nicht, bei dieser Unschlüssigkeit wurde der Pester Rabbiner aus der Liste der nach Gran zu berufenden Conferenz-Mitglieder ausgelassen. Erst im letzten Augenblicke, als Vay von Pest aus gedrängt ward, hat er den Rabbiner auf telegraphischem Wege wissen lassen, dass er in Gran erscheinen könne. Indessen hat der Primas mit Berufung auf das Namenverzeichniss sich geweigert, den Rabbiner als Conferenzmitglied anzuerkennen. Diese Angelegenheit wurde schliesslich in der Weise gelöst, dass der Rabbiner nach freundschaftlicher Verständigung unverrichteter Dinge nach Hause ging.

Unterhandlung einzugehen, bevor die Verfassung vom Jahre 1848 gänzlich hergestellt sei.

Doch verlassen wir die Graner und befassen wir uns mit der Judexcurial-Conferenz. Niemand wird läugnen, dass deren Ergebniss, einige Wucherer ausgenommen, die Nation zufrieden gestellt und den König in die Lage gesetzt habe, den gefassten Beschlüssen die a. h. Genehmigung ertheilen zu können.

In Gran wie in Pest war das Jahr 1848 die Devise, nur mit dem Unterschied, dass die Mitglieder der Judexcurial-Conferenz, die letzten zwölf schweren Jahre in Betracht ziehend, der Gewalt der Umstände nachgegeben haben, wohl einsehend, dass deren Resultate nicht zu vernichten sind, wenn sie auch nicht gutgeheissen werden können. Man soll ja nicht glauben, dass die moralische Pression nicht auch auf diese Versammlung ihren Einfluss geübt habe, doch hat Deák dagegen mit beredeten Worten und erfolgreich gekämpft. Das grosse Publicum hat von dem Verlauf dieser Verhandlungen seiner Zeit eingehende Kenntniss erhalten; es kennt vollkommen die unabhängigen und würdigen Debatten, welche in der Conferenz gehalten wurden. Diese Debatten und deren Ergebniss gereichen den Patrioten, die daran Theil genommen, so wie dem Judexcurie, der mit besonderer Gewandtheit die Verhandlungen geleitet, zur hohen Ehre, und sichern Beiden den Dank der Nation.

Es ist möglich, dass dieses Ergebniss nicht in jeder Beziehung befriedigend sei, doch kann diess nicht der Conferenz zur Last gelegt werden; es ist diess eben eine Folge der Situation und der Umstände. Die Conferenz-Mitglieder thaten, was sie thun konnten, indem sie ihre Ueberzeugung frei aussprachen. Diese Pflicht hat die Judexcurial-Conferenz treu erfüllt; die Abstimmung geschah nicht nach Parteien und jede Werbung um Anhänger war ihr fremd. Koloman Ghizy und Franz Deák haben sich in den wesentlichen Fragen nicht verständigen können. Auch hier war Deák der Gegenstand der allgemeinen Achtung, so zwar, dass es vorkam, dass eine Verhandlung über einen Gegenstand von grosser Wichtigkeit wegen seines momentanen Unwohlseins vertagt worden ist. Deák hat seine geistige Ueberlegenheit nie fühlen lassen und nie zugegeben, dass sein Geist auf die übrigen Mitglieder der Conferenz einen Druck übe. Die zu den Berathungen über ein neues Strafgesetzbuch unter Deák's Vorsitz berufene Commission war der Ansicht, den vom Landtage des Jahres 1843 und 1844 angenommenen diessfälligen Gesetz-Entwurf in's Leben treten zu lassen. Vincenz von Szentiványi stellte dagegen den Antrag, die alte Criminal-Praxis mit den Verhältnissen des Jahres 1848 in Einklang zu bringen, und der Commissions-Antrag wurde mit

Stimmenmehrheit verworfen. Franz Deák war nicht nur nicht dagegen, dass Szentiványi's Antrag nicht abgelehnt werde, er wirkte sogar darauf hin, indem er selbst der Conferenz den wesentlichen Unterschied auseinandergesetzt hat, welcher zwischen den beiden Anträgen besteht.

Eben im Hinblick auf diese wesentliche Verschiedenheit lehnte Deák auch den Vermittelungsvorschlag ab, beide Anträge zu verschmelzen. Er empfahl schliesslich der Commission die Ausführung des Szentiványi'schen Antrages zu versuchen und bemerkte, dass er den Vorschlag zu einer Verschmelzung beider Anträge nur als eine „Artigkeit betrachte, die er nicht annehmen dürfe."

Anders standen die Dinge in Gran. Ganz Pest wusste, dass die Conferenz kaum länger als eine halbe Stunde dauern würde. Die aus der Ferne herbeigekommenen Mitglieder hatten keine Ahnung von den in Pest vorwaltenden Tendenzen und konnten daher diese auch nicht begreifen. Warum ist es so gekommen? Aus zwei Ursachen: erstens weil das Schweigen der Regierung geeignet war, die Vermuthung wachzurufen, dass es der Krone an der nothwendigen Energie mangle, zweitens weil die meisten Mitglieder sich enthielten, ihre Ueberzeugung auszusprechen, theils aus Rücksicht für die Regierung, welche sich nicht erklärte, theils weil sie sich der im Lande herrschenden Pression nicht zu entziehen vermochten. Wenn wir jedoch in Betracht nehmen, welches traurige Resultat auf diese Weise zu Tage gefördert ward, wenn wir die dermalige Lage Ungarns sehen, wäre es für die Zukunft unseres Vaterlandes wenig erfreulich, wenn die Patrioten bei einer neuen Berathung nochmals eine Politik befolgen würden, die zu nichts Anderem geführt, als zu dem Ausnahmszustande, in welchem sich Ungarn heute befindet.

Wir sind daher der Meinung, dass eine unabhängige Berathung sehr förderlich wäre, um die Wünsche der Nation je eher zu erfüllen. Durch dieses Mittel könnten divergirende Ansichten ausgeglichen werden, der Ausdruck der wahren öffentlichen Meinung an's Licht treten, und zugleich der Weg gebahnt werden, um eine Verständigung zwischen dem Lande und der Regierung einzuleiten. Unter einer unabhängigen Berathung verstehen wir eine Conferenz von achtbaren Männern jeden Standes, nicht nur aus Ungarn, sondern auch aus Croatien und Slavonien. Die Mitglieder der Conferenz würde Se. Majestät ernennen, Vorsitzender wäre der Primas, Vice-Präsident wäre der Banus von Croatien oder der Judex curie. Die Sitzungen würden in Gran oder Pressburg gehalten werden. Die zu behandelnden Gegenstände würde Se. Majestät nach Anhörung der ungarischen und croatischen Hofkanzlei bezeichnen. Die Conferenz - Mitglieder könnten indessen gleichfalls Anträge stellen, doch dürften diese nur dann in Berathung gezogen werden, wenn ein Fünftel der Conferenz-Mitglieder sie empfiehlt. Bei diesen Berathungen können der ungarische und siebenbürgische Hofkanzfer erscheinen, sie könnten auch mittelbar oder unmittelbar die gewünschten Aufklärungen geben, ohne hiedurch die Regierung zu binden. Die Conferenz könnte über keinen Gegenstand einen Beschluss fassen, da sie hiezu vom Lande nicht ermächtigt ist. Nur ihre Protokolle würden Sr. Majestät unterbreitet.

Diese Conferenz würde Ungarn dadurch viel Gutes bringen, weil durch die Läuterung der Begriffe und Ansichten die Parteien sich einander aufrichtig nähern würden und die Regierung zur Ueberzeugung käme, dass die Nation nicht mehr nach Unmöglichem strebt.

Was Croatien anbelangt, würden die zwischen diesem Lande und Ungarn bestehenden Schwierigkeiten und Missverständnisse ausgeglichen, und es auf diese Weise vielleicht möglich werden, den Landtag unter Theilnahme Slavoniens und Croatiens zu eröffnen. Man könnte im Laufe der Conferenz versuchen, ob nicht auch ein Meinungsaustausch mit Siebenbürgen und den österreichischen Erbländern erzielet werden kann.

Möglich, dass die magyarischen Puritaner unsern Plan verwerfen, da sie der Ansicht sind, zuwarten zu können; und dass von Pest das *mot d'ordre* ausgeht, es sei Landesverrath sich an der eventuellen Conferenz zu betheiligen.

In dem Bewusstsein unserer redlichen Absichten können wir jedoch hierauf nur antworten, dass es keineswegs Freunde des Volkes sind, die unseren Intentionen entgegentreten. Wir werden ihnen daher auf diesem Terrain nicht folgen. Das Volk will den Frieden, diess wissen wir mit voller Bestimmtheit. Wer aber das Ziel erreichen will, soll und darf kein Mittel unversucht lassen, vorausgesetzt, dass dasselbe ein ehrliches ist. Aussergewöhnliche Zustände erfordern aussergewöhnliche Mittel, und wir lassen uns weder von wilder Leidenschaft noch von verführerischer Hoffnung hinreissen; wir werden Alles aufbieten, um unser politisches Leben unter der Herrschaft J e n e r fortzusetzen, die unsere Ahnen auf Ungarns Thron erhoben; wir sind der festen Ueberzeugung, dass Ungarns Existenz und Zukunft nur auf diese Weise gesichert sein können.

Was könnte die ungarischen Patrioten bestimmen, die guten Intentionen des Monarchen von sich zu weisen, wenn Er auf dem von uns eben angedeuteten Wege Ungarns Gesinnung in Erfahrung bringen will?

Kann es ein Hinderniss sein, dass Art und Weise ungewöhnlich sind? Unsere Ahnen haben dasselbe Mittel öfter angewendet und zuletzt wurde es im December des Jahres 1860, wenn auch erfolglos, versucht. Kann es etwa ein Hinderniss sein, dass seither ein Landtag sich über diesen Gegenstand geäussert? vielleicht — aber diese Aeusserung, wäre sie auch ein getreuer Ausdruck der öffentlichen Meinung gewesen, hat nicht zum Ziele geführt, da es das Schicksal einmal gewollt, dass Land und König einander nicht verstehen sollten. Manche sind vielleicht der Ansicht, es wäre besser sofort einen neuen Landtag einzuberufen, statt einer Conferenz, die keine giltigen Beschlüsse fassen kann. Hierauf können wir nur erwiedern, dass auch vor dem Jahre 1848 Kreis-Sitzungen gehalten wurden. Und zu welchem Zwecke werden wohl auf dem Landtage Commissions- und andere geschlossene Sitzungen gehalten, wenn nicht, um einen Meinungs - Austausch im vertraulichen Kreise zu fördern, da es hiedurch leichter ist eine Klärung der Ansichten zu erzielen. Unsere Lage ist so schwierig und aussergewöhnlich, dass man kein Mittel unversucht lassen soll, wenn Hoffnung vorhanden ist, dass es uns dem Ziele näher bringt. Wir können uns auch der Besorgniss nicht verschliessen, dass der Gedanke einer Conferenz schon desshalb viele Gegner finden dürfte, weil auf die Berufung der Mitglieder Graf Forgách und nicht Baron Vay Einfluss übe, und weil dieser oder jener Rathgeber Sr. Majestät sei. Niemand kann sich rühmen, Baron Vay seiner Zeit energisch unterstützt zu haben, anderseits aber hat Graf Forgách bisher keinen Anlass geboten seine patriotischen Gesinnungen zu bezweifeln. Graf Forgách hat sich im Juli vorigen Jahres unter Verhältnissen, die von ihm nicht abhingen, geopfert, in der Hoffnung durch seine Vermittlung eine bessere Zukunft anzubahnen. In dieser Weise haben wir das Factum, dass Graf Forgách den Posten eines ungarischen Hofkanzlers antrat, aufgefasst und diese Auffassung ist durch die wohldurchdachten Rescripte vom 5. November vorigen Jahres, welche den Ausnahmszustand als aussergewöhnliches Mittel in ausserordentlichen Verhältnissen in Ungarn einführten, gerechtfertiget.

Durch diese Rescripte wird nicht nur die Aufrechthaltung der Verfassung garantirt, auch die Differenzen, welche zwischen der Krone und der Nation bestanden haben und noch bestehen, werden darin für offene Fragen erklärt. Wir können nicht einsehen, wesshalb von vornherein so viel Misstrauen gegen Grafen Forgách besteht? etwa desshalb, weil er unter dem absoluten Regime gedient? Er hat kaum zwei Jahre in Ungarn zugebracht, und überall, wohin das Vertrauen des Monarchen ihn berufen, das Zutrauen des Volkes sich erworben. Forgách war als Statthalter in Böhmen allgemein geachtet und beliebt. Warten wir vertrauensvoll auf das Resultat seiner Bemühungen und unterstützen wir seine guten und patriotischen Absichten. Hat doch auch Graf

Johann Cziráky mehrere Jahre hindurch dem absoluten System gedient und war von demselben vielfach ausgezeichnet worden; dennoch wird Niemand läugnen, dass er heute zu den gefeiertesten Patrioten im Lande zählt. Man fälle daher kein absprechendes Urtheil weder über Grafen Forgách noch über Grafen Palffy; letzterer handhabt die ihm übertragene aussergewöhnliche Macht mit so vieler Mässigung, dass Niemand ihn eines Missbrauchs derselben zeihen kann. Er ist ein wackerer Ungar, der sein Vaterland liebt und es für die schönste Belohnung seiner Bemühungen halten würde, seine Stelle je eher dem „Palatin" abtreten zu können.

In der Politik spielt die Zeit die Hauptrolle; wer nicht versteht sie zu benützen, zieht immer das Kürzere; auch die Regierung möge diese sich darbietende Gelegenheit — vielleicht die letzte — nicht versäumen. Um die ungarische Frage nur auf friedlichem Wege zu lösen, muss der Landtag je eher einberufen werden; damit jedoch derselbe nicht ohne Erfolg bleibe, soll die Conferenz, die wir besprochen, das Terrain vorbereiten. Man erschrecke weder oben noch unten vor dieser Idee; man wird bald finden, dass unser anspruchsloser Rath gut gewesen.

XVII. Die Rechtscontinuität und die Verwirkung der Verfassung.

Zwischen solchen Gegensätzen ist eine Transaction unmöglich, hiebei muss der Sieg immer dem Stärkeren bleiben. Wir müssen daher beide Theorien, eine nach der anderen zum Gegenstande unserer Kritik machen. Viele beurtheilen die Rechtscontinuität, deren Heiligkeit von honetten Menschen nicht geläugnet wird, nicht nach dem Begriff oder dem Princip, sondern blos nach der praktischen Anwendung.

Unter Rechtscontinuität, diese möge im politischen oder socialen Sinne genommen werden, versteht man die Anerkennung eines Rechtes, das man im guten Glauben erworben oder fortwährend und ungestört ausgeübt hat, der Gegenstand des Rechtes möge ein materieller oder ein geistiger sein.

Die Berufung auf die Rechtscontinuität bedeutet in Ungarn:

1. dass Ungarn verfassungsmässige Rechtsansprüche hat, mit denen die absolute Regierungsform nicht vereinbar ist, da die Heiligkeit der erworbenen Rechte dagegen spricht, und
2. dass es in Ungarn nicht gestattet ist, eine constitutionelle Regierungsform zu octroyiren, weil Gesetze nur im Einvernehmen zwischen Krone und Landtag gebracht und erläutert werden können.

Hier entsteht die Frage: Welche Stellung nehmen wir diesen Sätzen gegenüber ein?

Das Diplom vom 20. October hat die Rechtscontinuität in Ungarn in thesi durch die Wiederherstellung der verfassungmässigen Rechte des Landes anerkannt; das Diplom hat indessen die Grenzen des Rechtes dadurch überschritten, dass es einen Theil der Verfassung einseitig modificirt. Die Rechtscontinuität wird jedoch dadurch keineswegs verletzt, dass die Gesetze des Jahres 1848 nicht sofort und ihrem ganzen Inhalte nach hergestellt werden.

Man beschuldige uns wessen man will, man schelte uns Landesverräther, dennoch beharren wir bei der Ansicht, die alle Einsichtsvollen mit uns theilen, dass es keine Macht auf Erden gibt, welche die Ereignisse der letzten zwölf Jahre ungeschehen machen kann.

Wenn von ungarischer Seite unter dem Vorwande der Rechtscontinuität verlangt wird, das unabhängige und verantwortliche Ministerium möge vor Allem hergestellt werden, können wir uns nur wundern, wesshalb ganz im Sinne derselben Rechtscontinuität nicht auch die Fortsetzung des im Jahre 1848 aufgelösten Landtages verlangt wird, da die damaligen Abgeordneten gegen diese Auflösung im Sinne des IV. Gesetz-Artikels §. 6 Verwahrung eingelegt haben. Diese Forderung ist aber nicht gestellt worden, und man ist im verflossenen Jahre zu einem neuen Landtag zusammen getreten. Das Princip der Rechtscontinuität ist dadurch gewiss nicht verletzt worden. Wenn dennoch, so ist die Rechtsverletzung von Jenen ausgegangen, die auf dem vorjährigen Landtage erschienen sind; indessen glaube ich, dass sie aus sehr wichtigen Gründen gar nicht anders hätten handeln können.

Auch wir sind Anhänger der Rechtscontinuität, vielleicht mehr als Andere.

Im Jahre 1848 hat man der Rechtscontinuität nicht sehr gehuldigt, da die von Kossuth dictirten Gesetze mit Beseitigung aller Rechtscontinuität binnen 24 Stunden, ohne oder vielmehr gegen die Instruction der Municipalbehörden, angenommen wurden. Nach unserer Logik dürfte die Rechtscontinuität vollkommen anerkannt sein, wenn die Krone, wie diess im Principe schon geschehen, Ungarn die constitutionellen Institutionen wiedergibt, und davon absteht (was sie jedoch noch nicht gethan), die alte Verfassung einseitig zu modificiren; da die Differenzen dem Landtage zu verfassungsmässiger Behandlung vorzulegen sind. Dieses zu erlangen, das ist's, was wir anstreben, denn das Land kann es mit vollem Rechte verlangen, und für die Krone ist kein Grund vorhanden, auf diese Forderung nicht einzugehen. Sobald diess geschehen, wird auch der Rechtscontinuität die ihr gebührende Verehrung gezollt sein. Die auf der letzten gesetzlichen Grundlage zusammen berufenen Vertreter der Nation müssen zugleich jene Gesetze einer Revision unterziehen, die die Rechte und die Würde der Krone und die alten Freiheiten Kroatiens verletzen.

Die Rechtscontinuität so weit zu treiben, wie manche diess thun, um dadurch das System der verantwortlichen Minister zu erzwingen, würde zu der Absurdität führen, dass Privatrechte, die in den letzten zwölf Jahren erworben wurden, vernichtet werden müssten; die neu angelegten Grundbücher müssten verbrannt oder, wie diess geschehen, im Stich gelassen werden; alle Verfügungen, die auf Grund der Aviticitäts-Gesetze getroffen wurden, müssten vernichtet, die Comassation, Sonderung der Hutweiden, die Ordnung der Urbarialitätsfragen müsste von Neuem in Angriff genommen werden; ebenso wären die Entschädigungsgelder, die diessfalls ausgezahlt wurden und wahrscheinlich grösstentheils schon verausgabt sind, wieder zurückzustellen. Diess wäre die Rechtscontinuität in allen ihren Consequenzen. Wir sind der Ansicht, ein vernünftiger Mensch könne diess niemals wollen. Auch die Logik wird begrenzt durch den gesunden Verstand und die Macht der Verhältnisse.

Dieser Theorie gegenüber steht die Theorie der Läugnung jedes Rechtes, mit welcher die Lehre von der Verfassungs-Verwirkung identisch ist. Als der Herr Staatsminister diese Theorie aufgestellt, hat er weder an die jüngste Vergangenheit und Gegenwart, noch an die mögliche Zukunft gedacht; allerdings ein grosser Fehler für einen ersten Minister der Krone. Die einseitige Läugnung oder Nichtanerkennung irgend eines Rechtes ist sinnlos. So wie ein Recht alle Bedeutung verliert, wenn derjenige, dem es zusteht, dasselbe weder benützen noch ausüben kann, so ist eine Rechtsläugnung bedeutungslos, wenn jene, die ein Recht in Abrede stellen, die Ausübung desselben nicht hindern können. Zwischen beiden besteht indessen doch ein wesentlicher Unterschied, da im ersteren Falle immer eine moralische Rechtsgrundlage bleibt, während eine Rechtsverweigerung sich nur auf materielle Macht und Gewalt stützen kann. Schade, dass der Herr Staatsminister die Broschüre des Herrn Paul von Somssich: „das legitime Recht Ungarns und seines Königs" nicht durchblättert hat, er wäre vielleicht zu bessern Ansichten bekehrt worden. Nebenbei müssen wir hier auch unserem Bedauern Ausdruck geben, dass der ebenerwähnte hochverehrte Patriot auf dem letzten Landtage, als er dieses schöne Thema behandelte, unter der damals herrschenden Pression nicht das gesagt hat, was er eben hätte sagen sollen. Alle Leute, die Herrn v. Somssich kennen, haben es erkannt, dass er und Joseph Ürményi eine Stellung vertheidigten, die nicht die ihre war. Ebenso wusste man, dass Graf

Emil Dessewffy nicht desshalb schwieg, um durch sein Schweigen erkennen zu geben, dass er mit Allem, was geschieht, einverstanden sei.

Doch kehren wir zur Theorie des Herrn Staatsministers zurück, und betrachten wir sie in ihrer Anwendung.

Seine Excellenz hat die ungarische Verfassung für verwirkt erklärt; sein mächtiger Vorgänger, der Dr. und Freiherr Alexander von Bach, hat diess nie ausgesprochen, wenn er auch im Sinne der Principien der Rechtsverwirkung vorgegangen ist, so lange er der Stärkere war. Herr v. Schmerling hat die Verwirkung als politisches Dogma aufgestellt, ohne daran zu denken, ob denn Jemand seine Theorie auch dann noch respectiren werde, wenn auch er gleich seinem Vorgänger einst an Macht und Einfluss verlieren sollte. Rechts-Verwirkung als Princip ist mindestens eine Absurdität, nur in der Praxis kann man sie anwenden. Diess geschieht im Leben jedesmal, wenn das Rechtsgefühl die Betreffenden von dem Begehen eines Verbrechens nicht zurückhält.

Diese Verwirkung entspricht auch der dermaligen Situation nicht, da nach dem kaiserlichen Manifeste, womit das Diplom vom 20. October veröffentlicht ward, Seine k. k. Apostolische Majestät seine Regentenpflicht zu erfüllen erklärt, indem er die Rechtsansprüche seiner Völker und Länder mit den thatsächlichen Bedürfnissen des Reiches in Einklang zu bringen willens ist und die Kräftigung der von ihm gegebenen oder wieder in's Leben gerufenen Institutionen der Einsicht der Völker überantwortet.

Im III. Artikel des Diploms ist es ausdrücklich gesagt: „alle anderen Gegenstände, welche in den vorhergehenden Punkten nicht enthalten sind, werden in den zur ungarischen Krone gehörigen Ländern im Sinne ihrer früheren Verfassungen verfassungsmässig erlediget werden.“

Wir haben die klaren Worte des Monarchen so genommen, wie sie gesagt und geschrieben waren, und haben darauf unsere Hoffnungen gebaut, da in dem Diplom von dem Monarchen die volle Berechtigung der früheren ungarischen Verfassung offen anerkannt ward, — und nur einige ihrer Bestimmungen mit den neuen Verhältnissen und Forderungen der Zeit in Einklang gebracht werden sollten. — Wir waren der Meinung, dass mit diesen Worten des Diploms die Rechts-Continuität hat gewahrt werden sollen; doch leider ward diese Rechts-Continuität nur halb anerkannt — wie man diess in Wien gerne zu thun pflegt. Die gänzliche Anerkennung wäre gewiss erfolgt, hätte der ungarische Landtag, statt die sofortige Wiederherstellung der Verfassung vom Jahre 1848 zu verlangen, in deren Revision, wodurch nichts gefährdet worden wäre, gewilliget.

Aus dem Allen haben wir eine Verwirkung nicht herausfinden können, wir waren im Gegentheil sehr erfreut, diese Rechtsanerkennung aus dem Munde des Monarchen zu vernehmen. Mit grossem Erstaunen lasen wir daher die zornige Rede, welche der Herr Staatsminister am 30. August v. J. im Hause der Abgeordneten des Reichsrathes gehalten, und aus welcher wir entnahmen, dass das Diplom vom 20. October eine unserer Auffassung entgegengesetzte Entstehung hatte.

Ritter von Schmerling, der, wie er selbst gesagt, am 20. October 1860 noch nicht Minister war, ist der Ansicht, dass die Männer, die es für gut fanden, Sr. Majestät die Herausgabe des October-Diploms zu empfehlen, mit sich gewiss darüber im Reinen waren, welchen Standpunkt Se. Majestät dem ungarischen Landtag gegenüber und rücksichtlich der ungarischen Verfassung einzunehmen habe. Dieser Standpunkt, fuhr Herr v. Schmerling fort, sei der der Machtvollkommenheit gegenüber der verwirkten, factisch ausser Kraft gesetzten und durch die Debreziner Beschlüsse vernichteten ungarischen Verfassung; hat dieser Standpunkt den Männern, die Sr. Majestät das October-Diplom empfahlen, nicht vor Augen geschwebt, könne er — Herr v. Schmerling — nicht leicht begreifen, wie der Theil des Diploms hat gegeben werden können, welcher sich auf Ungarn bezieht.

Wir haben diese Worte des Herrn Staatsministers nicht etwa desshalb angeführt, weil wir ihnen irgend ein Gewicht beilegen, wir haben diess blos gethan, um die Ungarn zu beruhigen, obschon wir nicht einen Augenblick gezweifelt haben, der gesunde Sinn der ungarischen Nation werde es bald herausfinden, dass die Politik ihres Herrn und Königs Ungarn gegenüber eine ganz andere, als die des Staatsministers sei. Se. Majestät wollen bei Anerkennung der vollen Berechtigung der ungarischen Verfassung, dieselbe nur mit den factischen Verhältnissen in Einklang bringen, während der Herr Staatsminister diese Verfassung für verwirkt erklärt!

Stünden die Sachen umgekehrt, es wäre traurig für Ungarn; Se. Majestät wird bei der Schlichtung der ungarischen Angelegenheiten auf die Meinung seiner ungarischen Räthe jedenfalls ein grösseres Gewicht legen, als auf die Ansichten der Minister, gegen deren Einmengung in ungarische Angelegenheiten die Nation im Sinne der von Sr. Majestät wieder hergestellten Verfassung sich immer verwahrt hat, und die Ungarn werden — dessen sind wir gewiss — ihrerseits bestrebt sein, ihre Angelegenheiten mit ihrem legitimen Könige ohne jede Vermittlung selbst zu schlichten suchen.

Es gereicht uns zur grossen Befriedigung in der Lage zu sein, es ausplaudern zu können, dass Herrn v. Schmerling's Verwirkungs-

Theorie die Grafen Esterházy und Forgách, so wie die ungarische Nation und die ganze civilisirte Welt in gleichem Masse überrascht hat.

Die europäischen Blätter drückten ihr Erstaunen darüber aus, dass der erste Minister des legitimen Oesterreichs, als Grundlage der Herrschaft seines Herrn und Gebieters die Macht des Stärkeren proclamire, welche jeden Anspruch auf Recht und Gesetz ausschliesst.

Wir bedauern lebhaft diese Verirrung des Herrn v. Schmerling, da wir ihn bei früheren Anlässen öfters begegnet und zu schätzen gelernt haben; durch diese todtgeborne Theorie, die auf einen vernünftigen Menschen niemals einen Eindruck machen kann, wird der Verdacht der Ungarn, dass die deutschen Minister ihre unerbittlichsten Feinde seien, nicht nur nicht gemildert, sondern noch vermehrt.

Diese Verwirkungs-Theorie hat im ersten Augenblick viele Patrioten, denen das Wohl des Landes und der Dynastie am Herzen liegt, tief betrübt, da deren gefahrvolle Tragweite eher das Herrscherhaus als das Land treffen würde.

Dieser Kummer ward noch dadurch vermehrt, dass in dem im Juli v. J. an den Landtag gerichteten königlichen Rescripte ausdrücklich gesagt wird, Se. Majestät werde einzelne Artikel der Verfassung vom Jahre 1848, so wie er sie bis jetzt nicht anerkannt hat, auch in Zukunft nicht anerkennen. Diess wäre ein offener Angriff auf Recht und Gesetz, da die Aenderung oder Aufhebung von Gesetzen einseitig nicht stattfinden kann.

Die Revision der Gesetze des Jahres 1848 ist nicht nur in den verschiedenen Handbilleten ausgesprochen, die den October-Erlässen beigefügt sind, dieselbe wird auch in der Eröffnungsrede des Landtages erwähnt und hervorgehoben.

Man kann daher nur zu dem logisch richtigen Schluss gelangen, dass die Nichtanerkennung der Verfassung des Jahres 1848, wie dessen in dem Landtags-Rescripte Erwähnung geschieht, nur so zu deuten sei, dass Se. Majestät diese Verfassung nicht sofort in's Leben treten lassen kann, weil er sie vor einer Revision nicht anzuerkennen vermag.

Das in Rede stehende Rescript kann in keinem Falle zu Verwicklungen von grosser Tragweite führen. In dem Rescripte vom 5. November wird der Verfassung vom 26. Februar mit keinem Worte mehr erwähnt, und die Austragung der bisher unerledigten Fragen dem künftigen Landtage zugewiesen.

Wir sind der Meinung, dass das Juli-Rescript in Folge der damaligen ungarischen Ministerkrisis unter ungünstigem Einflusse verfasst ward, da die Grafen Forgách und Esterházy noch keine Zeit hatten, Terrain zu gewinnen. Das November-Rescript hingegen, obschon es zur Einführung eines Ausnahmszustandes erlassen ward, gibt den Beweis, dass weder Se. Majestät, noch die ungarischen Räthe der Krone die Verwirkungs-Theorie des Hrn. v. Schmerling theilen.

Diess genüge, um Jene zu ermuntern, die der Verwirkungs-Theorie so grosses Gewicht beigelegt haben. Wir beklagen es aufrichtig, dass solche Ideen ausgesprochen wurden; wir sind aber der Meinung, dass sie kein Hinderniss bei einem Vergleiche zwischen dem Lande und der Krone bilden können. Es ist möglich, dass Herr von Schmerling, den dieser Ausspruch gewaltig genirt, die erste Gelegenheit benützen werde, um die von ihm zu Tag geförderte Verwirkungs-Theorie wieder selbst zu verwirken.

Man beruhige sich und glaube durchaus nicht, dass die Rede des Staatsministers im Stande sein könne, die alte ungarische Verfassung zu vernichten; diese ruht auf einer weitaus festeren Grundlage als der Wiener Reichsrath, von dem wir nicht sprechen wollen, da wir der Ansicht sind, dass er als Gesammt-Reichsrath ein todtgebornes Kind sei und als engerer Reichsrath von Tag zu Tag mehr einschrumpfen werde.

XVIII. Die Rechtsgleichheit.

Die Centralisten des Jahres 1848 empfehlen dem Volke die Gesammtannahme der Gesetze dieses Jahres, um auf diese Weise die Gesetz-Artikel III und IV zu retten; um nicht missverstanden zu werden, erklären wir in entschiedener Weise, dass der VIII. G.-A. über die gleiche Vertheilung der Lasten, der IX. G.-A. über die Aufhebung der Urbarial-Verhältnisse, d. h. der damit verbundenen Robot-, Zehent- und Geldleistungen, der X. G.-A. über die Commassation, die Sonderung der Hutweiden, den Holzschlag, endlich der XIII., betreffend die Aufhebung des geistlichen Zehentes, nicht nur unberührt bleiben müssen, sondern dass die conservative Partei vielmehr wünschen muss, es mögen die mit diesen Fragen in enger Berührung stehenden sonstigen Gegenstände einer eingehenden und reiflichen Ueberlegung unterzogen und zur Befriedigung der dabei Betheiligten im Wege der Gesetzgebung geregelt werden. Es diene diess zur Beruhigung für alle Theile. Die Betreffenden mögen unsere diessfälligen Ansichten zur Kenntniss nehmen, und überzeugt sein, dass wir diese Angelegenheit nicht als Agitations-Mittel benützen wollen. Wir wünschen nur, dass man über diese Fragen reiflich nachdenke, um sie durch gründliche Erörterung in das richtige Geleise zu bringen.

XIX. Emanzipation der Juden.

Damit in dieser Angelegenheit ein günstiges Resultat erzielt werde, ist es am Besten über sie so wenig als möglich zu sprechen. Diese mehr sociale als politische Frage verdient zu viel Aufmerksamkeit, um als Mittel politischer Agitation benützt zu werden. Wir wollen gegen diese Volksclasse billig sein; doch hängt unserer Ansicht nach sehr viel davon ab, ob sie solche Garantien zu bieten vermag, dass wir im Stande sind sie zu vertheidigen. Wir wünschen daher die Israeliten darauf aufmerksam zu machen, dass wir ihrer nicht vergessen werden und dass sie selbst auf das Mass der Zugeständnisse, welche sie vom Landtage erwarten, den grössten Einfluss üben können.

XX. An die Männer der Presse.

Nun haben wir noch an die Männer der Presse einige Worte zu richten. Der dermalige Ausnahmzustand gestattet nicht, dass die öffentliche Meinung sich in der gewohnten Weise äussere; es würde auch zu keinem Ziele führen, wenn den Comitaten die Abhaltung von Ausschuss-Sitzungen gestattet würde, denn ihre officiellen Kundgebungen vom vorigen Jahre waren durchaus nicht der getreue Ausdruck der öffentlichen Meinung. Es gibt wenige Menschen, die es vertragen können, für ihre besten patriotischen Absichten verspottet und Landesverräther gescholten zu werden, von anderen kleinen Unannehmlichkeiten, als Katzenmusiken und Fenstereinwerfen, gar nicht zu reden. Die Zeit der Autorität ist vorüber, die Helden des Wortes wurden die Herren der Situation, und die, die durch ihre Vergangenheit und ihre gesellschaftliche Stellung berechtigt gewesen wären das Wort zu erheben, zogen sich zurück; sie mussten den wenigen Tyrannen das Feld räumen, welche die Redefreiheit, die sie sonst so hoch zu halten vorgeben, zumeist selbst verhöhnen, indem sie verlangen, dass Jeder nur das, was ihrem Hirne entsprungen, vortrefflich finde und lobpreise. Alle werden für Feinde das Vaterlandes erklärt, die ihnen widersprechen, und wo wir auch hinblicken, werden wir stets finden, dass gewöhnlich Jene, die gar Nichts und gar Niemanden repräsentiren, sich als die Dolmetsche der öffentlichen Meinung geriren.

Diess wäre auch heute nicht anders, da die Comitate vom Jahre 1848 nur den Principien huldigen können, welchen sie ihre Entstehung verdanken. Eine Körperschaft, welche ihr Wesen nur in der Parteianschauung und sonst in gar keiner Qualification sucht, kann eben nichts anderes vertreten, als die Partei, welcher sie ihre Entstehung verdankt.

Auf diesem Wege ist es unmöglich die wirkliche öffentliche Meinung des Landes zu erfahren. Es gibt Leute, die die Comitate auf Grundlage einer von der Regierung geregelten Repräsentation organisiren möchten. Wir können diese Ansicht nicht theilen, da es gegen die Natur constitutioneller Institutionen ist, dass solche mit Hintansetzung der dabei Betheiligten geschaffen werden.

Es zählt zu den Aufgaben des Landtages in dieser Richtung gründlich zu helfen, bis dahin können wir auch ohne Comitats-Commissionen leben; ja gerade jene, die im Sinne der Gesetze vom Jahre 1848 den Einfluss der Comitate auf die Gesetzgebung vernichtet haben, können hiegegen keine Einwendung machen. Die gewissenhafteren „Achtundvierziger" sagen allerdings, wenn man den Abgeordneten auch nicht Instructionen ertheilen darf, kann man ihnen doch immerhin die „Richtung" andeuten; es wäre aber wohl Schade zu diesem Zwecke die Mitglieder der Comitats-Commissionen zu bemühen, da wir auf dem letzten Landtage gesehen, welchen Werth die Abgeordneten auf die Ansichten der Comitats-Commissionen legen. Haben doch viele Deputirte für den Beschluss und gegen Deák gestimmt, obgleich alle Municipalitäten Ungarns an Deák Vertrauungsvoten gesendet, weil er die Adresse beantragt hatte!

Die Verwaltung wird indessen durch den Beamtenkörper versehen werden. Daran, dass diese Beamten ernannt und nicht gewählt sind, sollten die „Achtundvierziger" gleichfalls keinen Anstoss nehmen, da die ministerielle Centralisation, welche nach Nyáry's Ausserung den Comitaten bereits ein bischen auf den Nacken getreten, der freien Beamten-Wahl gewiss auch zu Leibe gegangen wäre, und mit Recht, da es dem gesunden Verstande widerspricht, dass die Verordnung eines Ministers, für die er verantwortlich ist, Beamten zur Vollziehung übergeben werde, die ohne seinen Einfluss vielleicht aus Elementen, die ihm feindselig sind, gewählt wurden. Wer zwischen den Zeilen zu lesen vermag, wird bei genauer Beachtung des XVII. Gesetz-Artikels, welcher bestimmt, dass bis zur weitern Verfügung des nächsten Landtages keine Restaurationen in den Comitaten vorgenommen werden sollen, sich von der Wahrheit dessen, was wir soeben gesagt, überzeugen; im Falle der Erledigung von „Beamten-Stellen" sollen diese provisorisch vom Obergespan im Einvernehmen mit dem Centralausschusse besetzt werden; es heisst darin ausdrücklich:

Niemand ist es während der Pressburger Dictatur im Jahre 1848 aufgefallen, dass man sich in diesem Gesetz-Artikel des Wortes „Beamte" bediente, obgleich es vor dem Jahr 1848 in den Comitaten nur

„Functionäre“ gab. Die „Bach-Husaren“ wurden als „Beamte“ verspottet, obschon es nach der Verfassung des Jahres 1848 in den Comitaten nur „Beamte“ und nicht mehr „Functionäre gibt.“ Die Comitats-Commissionen könnten also höchstens zur Wahl der Abgeordneten dienlich sein, wenn sie hiezu überhaupt erforderlich wären. Diess dürfte keineswegs der Fall sein, da das Land bereits in Wahlkreise eingetheilt worden, und zur Abgeordneten-Wahl nur mehr ein ehrliches und reines Vorgehen erforderlich ist. Die Wählerlisten können angefertigt werden und Jeder kann darüber am Besten wachen, dass keine Unregelmässigkeiten geschehen; es steht nicht zu befürchten, dass hiebei rechtsverletzende Missbräuche vorkommen, da das ganze Wahlverfahren öffentlich ist und von Jedermann controlirt werden kann. Ueberdiess können Commissionen auch jetzt gebildet, oder die früheren bestätiget werden; will man sich daran nicht betheiligen, steht es allerdings frei, wehzuklagen, doch muss jeder die Erfolglosigkeit solcher Klagen sich selbst zuschreiben.

Die Intentionen der Regierung sind uns unbekannt, doch zweifeln wir, dass es in ihrer Absicht liege, die Comitats-Ausschüsse wieder einzuberufen, und wir haben bei diesem Gegenstande nur desshalb länger verweilt, weil es uns angenehm wäre, wenn die Tagespresse sich dessen bemächtigen und ihn eingehend besprechen würde. Sollten jedoch die öffentlichen Blätter sich dahin äussern, dass die Comitats-Ausschüsse zur Wahl der Landtags-Abgeordneten unumgänglich nothwendig sind, sollten sie etwa gar in dem Sinne agitiren, dass man sich der Wahl enthalten oder die früheren Wahlen aufrecht erhalten solle, dann müssten wir diess aufrichtig bedauern, da in diesem Falle ein neuer Landtag entweder nicht zu Stande käme oder doch ohne Theilnahme Jener seine Berathungen pflegen würde, die sich der Ausübung eines politischen Rechtes freiwillig begeben. Es ist unser lebhafter Wunsch, einen Landtag sich versammeln zu sehen, der sich der allgemeinen Theilnahme erfreuen und alle Interessen gleichmässig vertreten würde.

Die Patrioten mögen bedenken, dass der Trotz, oben oder unten, in der Politik eine schlechte Waffe ist. Hievon haben wir leider nur zu viele Beweise. Sämmtliche Comitats-Functionäre haben es vorgezogen ihre Stellen zu verlassen, statt während des dermaligen Ausnahmszustandes die Hand zur Schlichtung der alltäglichen Verwaltungs-Angelegenheiten zu bieten; die Folge davon war, dass für jede erledigte Stelle eine Menge neuer Bewerber sich fand, die trotz des moralischen Druckes die Comitats-Verwaltung in die Hand nahmen. Allerdings wird dagegen bemerkt, dass die Regierung grosse Mühe hatte, geeignete Beamte zu finden; diess mag richtig sein, indessen ist es dennoch gelungen, die entsprechenden Kräfte zu gewinnen, und es wird ebenso möglich sein, Landtags-Abgeordnete zu versammeln, die sodann Gesetze bringen werden, welche für das ganze Land bindend sind. Die Möglichkeit dessen wird allerdings zugegeben, doch bemerkt man uns dagegen, dass Gesetze, die auf diese Weise gebracht würden, von keiner langen Dauer wären. Vielleicht — doch gilt dasselbe ebenso von guten wie von schlechten, von liberalen wie von reactionären Gesetzen.

Zeit und Verhältnisse ändern sich, auch Gesetze unterliegen einer solchen Veränderung; es kann daher kein Gesetz für immerwährende Zeiten geschaffen werden. Uebrigens ist die Frage auch nicht die, ob Gesetze, die auf dem nächsten Landtage gebracht würden, von langer Dauer sein werden; es handelt sich blos darum zu wissen, ob ein Landtag überhaupt gehalten werden kann, wenn sich viele ausgezeichnete Patrioten weigern, daran Theil zu nehmen; dieser Gedanke erfordert reifliche Ueberlegung, und jeder Mann von Erfahrung wird uns antworten, dass es dennoch möglich ist einen Landtag einzuberufen.

Die Gesetze des Jahres 1848 waren nur während kurzer Zeit rechtskräftig; und dennoch wird Niemand läugnen, dass sie auf lange Zeit hinaus gewirkt haben. Auch wir nehmen sie in Schutz, weil es eben Gesetze sind, obwohl sie unter ausserordentlichen Unständen und nicht in der gesetzlichen Form gebracht wurden. Nun angenommen, die Gesetze, die der nächste Landtag bringt, würden gleichfalls in nicht ganz gesetzlicher Weise, unter ausserordentlichen Verhältnissen zu Stande kommen; wer wird desshalb behaupten wollen, dass diese Gesetze nicht dennoch rechtskräftig seien?

So lange die Macht die Oberhand hat, wird sie diese Gesetze um jeden Preis aufrecht erhalten; gewinnen aber die Verhältnisse die Uebermacht, dann ist es gleichgiltig, ob die zerstörenden Elemente gegen die Entstehung neuer Gesetze oder gegen deren Bestand ankämpfen.

Wir bitten daher die Männer der Presse, die grosse moralische Verantwortlichkeit zu beherzigen, welche ihnen bei Erörterung dieser Fragen zufällt. Sie mögen erwägen, wie gross der Unterschied zwischen den wahrscheinlichen Ergebnissen eines Landtages sein dürfte, dessen Mitglieder unter der allgemeinen Theilnahme der Nation gewählt würden, und eines Landtages, bei dessen Zusammensetzung ein grosser Theil der Nation sich passiv verhält. Vergessen wir nicht, dass das ungarische Volk eine aufrichtige Verehrung für Gesetze habe; es wird ihnen in Zukunft eben so gehorsam sein wie bisher, ohne zu fragen, unter wessen Einfluss sie zu Stande gekommen sind. Es ist wahrscheinlich, dass in dem Falle, welchen wir vor Augen haben, die Gesetze sich einer noch grösseren Beliebtheit erfreuen würden, da sie durch „Vertreter des Volkes" im strengsten Sinne des Wortes gebracht wären.

Man rege daher die öffentliche Meinung nicht durch Forderungen auf, die nicht zu befriedigen sind.

Man gebe sich nicht immer Hoffnungen hin, zu deren Verwirklichung man keine Macht in Händen hat; man baue die Zukunft des Landes nicht auf Möglichkeiten, die sich nur auf zusammengetragene Gerüchte gründen; man mache z. B. die Erfüllung einer patriotischen Pflicht nicht davon abhängig, ob Oesterreich mit Preussen auf gutem oder schlechtem Fusse steht; man thue seine Pflicht unter allen Verhältnissen; man blicke nicht nach Genua, wenn man an das Wohl des Vaterlandes denkt; hingegen verkünde man es gleich einem heiligen Evangelium, dass Nichts und Niemand Ungarns Zukunft besser zu sichern vermag als die Ungarn selbst.

Damit die Leser dem, was wir soeben gesagt, auch Glauben beimessen, erinnern wir sie an die officielle Erwiderung, welche Lord John Russel, der britische Minister des Aeussern, in dem liberalen Hause der Gemeinen am 15. März l. J. auf eine Interpellation über den traurigen Zustand Polens gegeben. Diese Antwort wurde von ungarischen Blättern flüchtig und nie treu wiedergegeben. „Die Regierung und die britische Nation", sagte Lord Russel, „sind von lebhaftester Sympathie für die tapferen und vielbedrückten Polen beseelt; jeder Anlass wird benützt, um dem Czaar zu Polens Gunsten Vorschläge zu machen; gelingen ihm in Russland die Reformen, wird hiedurch auch in Polen ein besserer Zustand der Dinge eintreten. Kein englischer Minister hat es jedoch bisher gewagt, für eine Einmischung in die inneren Angelegenheiten Polens die Verantwortung zu übernehmen."

Diese Worte Lord Russel's sind klar genug und verdienen von manchem ungarischen Patrioten beherzigt zu werden.

XXI. Schlusswort.

Wenn die Freunde des Vaterlandes sich mit der Rettung desselben als einer heiligen Sache befassen wollen, müssen sie nicht darauf sehen, durch wen etwas gesagt wird, sondern blos ihre Aufmerksamkeit darauf lenken, was gesagt worden ist. Wir sind zu bescheiden, um uns für unfehlbar zu halten, wir erkennen sogar, dass wir wenig Neues, wohl aber Wahres gesagt haben.

Es ist eine undankbare Aufgabe modernen Lehren zu widersprechen und gegen Schlagworte anzukämpfen, die sich der allgemeinen Beliebtheit erfreuen. Wir wissen aber auch, dass volksthümliche Männer auf dem Felde der Politik nie glückliche Erfolge erzielt haben, sobald sie bei ihrem Vorgehen nicht durch gesunde Principien geleitet waren. Diess ist eben der Fluch der Volksthümlichkeit, dass sie nur durch Aufopferung der eigenen Ueberzeugung zu erlangen ist. Wer sich weigert diesen Preis zu bezahlen, wird alsbald ein Opfer seiner Rolle. Einer immerwährenden Popularität können sich nur Jene erfreuen, die sich gleich Irrlichtern umherführen lassen, obwohl sie der Meinung sind, die Massen zu leiten.

Um nicht zu verletzen, unterlassen wir es zur Illustration des Gesagten auf Lebende hinzuweisen; diese wollen wir blos bitten, über ihre Popularität nachzudenken. Wohl aber möge man uns gestatten, an den grössten Sohn des Vaterlandes, den Grafen Stefan Széchenyi zu erinnern.

Széchenyi hat jahrelang die ungarische Nation geleitet, ohne ihm wäre sie noch lange nicht dahin gekommen wo sie jetzt steht. Die Volksthümlichkeit des Grafen wuchs von Tag zu Tag, begleitet von der allgemeinen Verehrung. Und welchen Lohn hat er nach zwanzigjährigen patriotischen Mühen und Streben geerntet? Wer sich hierüber des Nähern belehren will, möge Széchenyi's Flugschrift: „*Kelet népe*" (Das Volk des Ostens) lesen. Es kam so weit, dass Graf Széchenyi zu seiner eigenen Vertheidigung das Wort ergreifen musste — zur Vertheidigung gegen Jene, die ihn gegen seinen Willen oder gegen seine Ueberzeugung vorwärts drängen wollten. Doch Graf Széchenyi liess sich nicht vorwärts drängen, da die Vaterlandsliebe und das patriotische Gefühl in ihm zu gross waren, um diese seiner Popularität zu opfern. Da sahen wir des Grafen Popularität zu Neige gehen und Kossuth trug über ihn den Sieg davon, da er mit seinen Verheissungen weiter ging als Széchenyi, und Dinge versprach, die zu erfüllen er nicht im Stande war. Als es dann galt, diese Versprechen einzulösen, opferte

Kossuth die alte ungarische Verfassung, deren Wahrung Széchenyi immer empfohlen hatte; unter Beifallssturm wurde eine neue Staatsordnung erbaut, damit auch diese bald unter den Trümmern der alten begraben werde. Was nützt es, dass Bessergesinnte diess aufrichtig beklagen; was nützt es, dass man in Ungarn die Fehler einsieht, die man gegen Széchenyi begangen und nun nach seinem Tode gut machen will; was nützt es, dass wir heute sein ruhmvolles Andenken einmüthig feiern? was nützt das Alles, wenn man andererseits bei jeder Berufung auf das glänzende Beispiel dieses grossen Patrioten gerade das thut, was er wenige Tage vor den Ereignissen des Jahres 1848 in der Flugschrift: „Politische Programm-Fragmente“ verdammt und bekämpft hat?

Man lese dieses kleine Buch und man befolge den Rath dieses grossen Patrioten; erst dann wird der Ausspruch zur Wahrheit: „Ungarn war noch nicht, es wird erst werden.“

www.ingramcontent.com/pod-product-compliance
Lightning Source LLC
Chambersburg PA
CBHW031446270326
41930CB00007B/892
* 9 7 8 3 7 4 3 6 8 6 3 5 9 *